U0468345

烽火艺魂

中国艺术研究院抗战文艺典藏展

王蒙

周庆富·主编

文化艺术出版社
Culture and Art Publishing House

烽火艺魂

中国艺术研究院抗战文艺典藏展

主办单位

中国艺术研究院

总策划

周庆富

展览组织委员会

主　　任： 周庆富　王洪俊

副 主 任： 刘宏昌　李树峰　齐永刚　喻　静　徐福山

委　　员： 王　冠　曹景华　郭剑威　赵　蓉　王　红　吕晓明
张志颖　满明辉　邓雪晨　王　馗　李宏锋　杭春晓
杨明刚　陈　曦　赵卫防　鲁太光　谷　卿　孙晓霞
李修建　阴澍雨　郑光旭　王先字　邵晓洁

学术指导： 王安奎　向延生　王　仲　田　青　朱乐耕　田黎明
何家英　李　一　吕品田　谭　平　张建儒　牛克诚
雷　琳　宋宝珍　王　馗　李宏锋　杭春晓　杨明刚
陈　曦　赵卫防　鲁太光　谷　卿　孙晓霞　李修建
石一冰　邵晓峰

展览工作组

策 展 人： 郑光旭

展览文案： 王先字　邵晓洁　霍　超　任　思　王古今　张明春　胡　冲

展览设计： 朱　玲　安慧中　张佳宁

展览宣传： 邓雪晨　邵晓洁　吕晓明　刘　童　霍　超　任　思　王古今　张明春　郭慧子　崔建雪　张　妮　李垣桥

藏品管理： 王先字　宫楚涵　毛景娴　王春红　张申波　向　谦　王建红　王　礼　梁秀群　尹红艳　刘　婧　李　超　王宇锋　胡　冲　赵　玲　焦心怡　吴瑞卿　陈悦尔　穆晶晶　叶宪允

展品摄影： 张建生　王晓晰　刘晓辉　张　涛　刘博文　刘颖昕　林汉夫

开幕式统筹： 邵晓洁　阴澍雨　杨　雯　裴　潇　单　蕾　王晓晰　任　思　王　礼　张明春　耿翠婷

图录编委会

主　　编： 周庆富

副 主 编： 齐永刚

编　　委： 郑光旭　王　红　王　馗　李宏锋　杭春晓　杨明刚　陈　曦　赵卫防　鲁太光　李修建　谷　卿　孙晓霞　王先字　邵晓洁

编　　务： 裴　潇　单　蕾　宫楚涵　张申波　霍　超　王古今　朱　玲　张建生　刘晓辉　任　思　郭慧子　王建红　梁秀群　刘　婧　李　超　王宇锋　王　礼　尹红艳　张　涛　刘博文　刘颖昕

前　言

2025年是中国人民抗日战争暨世界反法西斯战争胜利80周年。中国人民抗日战争是近代以来中国抗击外敌入侵第一次取得完全胜利的伟大民族解放战争。在这场决定中华民族生死存亡的战争中，中国共产党以高度的文化自觉与历史担当，引领广大文艺工作者投身民族解放的洪流，凝聚文艺界力量，构筑抗日民族统一战线，使文艺成为抗战宣传、民众动员和精神鼓舞的重要力量。

中国艺术研究院收藏了一批极具历史价值的红色艺术文献与作品。本次展览精选抗战文艺典藏140余件，精心策划了“战歌震山河”“兰台唱金戈”“刀笔砺丰碑”三大展区，多角度呈现抗战时期音乐、戏曲与美术领域的珍贵文献和艺术创作。“战歌震山河”展区展出被列入《中国档案文献遗产名录》的《黄河大合唱》“延安稿”和“莫斯科稿”，冼星海日记和他使用过的钢笔、小提琴、钢琴以及聂耳《扬子江的暴风雨》手稿和郑律成《八路军进行曲》、任光《渔光曲》的录音资料等。“兰台唱金戈”展区聚焦梅兰芳“蓄须明志”的铮铮风骨，展出了20世纪30年代中期梅兰芳录制的《生死恨》《抗金兵》唱片以及一系列抗战期间的演剧文献实物。它们是抗战戏剧运动的见证，生动记录了戏剧界以艺报国的壮举。“刀笔砺丰碑”展区呈现了沃渣、力群、彦涵等延安鲁艺木刻工作者对“为社会而艺术”文艺理念的践行，真实记录了军民抗战的壮烈情景以及充满希望的边区生活。这些抗战文艺典藏，不仅记录了历史的烽火岁月，更生动地展现了艺术家们以文艺为武器的战斗精神、以爱国主义为核心的民族精神和全心全意为人民服务的奋斗精神。

抚今追昔，在全面推进中华民族伟大复兴的新征程上，这些熠熠生辉的抗战文艺典藏，激励我们赓续中国共产党领导的先进文化传统，坚守人民立场，坚定文化自信，不断书写新时代文艺为人民服务、为时代创作的新篇章。

中国艺术研究院院长

2025 年 7 月

目录

一、战歌震山河

狼烟起，铁蹄奔。颠沛流离，生离死别。“起来”“前进”“保卫黄河，保卫全中国”的雄壮歌声，响彻神州，把四万万人民的心紧紧连在一起，汇聚成一股势不可当的滚滚洪流。本章的抗战音乐，是中华儿女在绝境中发出的怒吼，是中华民族坚韧不拔精神的赞歌。

冼星海的《黄河大合唱》，作为抗日救亡运动中的璀璨明珠，以母亲河黄河为喻，追溯民族辉煌历史，以恢宏气势展现了中华民族的坚韧与不屈。它不仅是音乐的盛宴，更是历史的见证、革命的号角，具有强烈的时代感与革命纪念意义。田汉、任光、聂耳等先驱的作品，同样饱含鲜明的时代精神与革命激情，从“大后方”的《秋子》到根据地的抗日救亡歌曲，每一个音符都跳跃着希望，每一段旋律都呼唤着光明，激励中华儿女坚信黑暗终将散去，曙光必将来临。

CONSERVATOIRE NATIONAL
DE MUSIQUE ET DE DÉCLAMATION

CARTE D'IMMATRICULATION

ANNÉE SCOLAIRE 1934-1935

N° 730

M Sien

élève de Composition Musicale

Signature de l'Élève,

Sien Singhai

冼星海

1934-1935

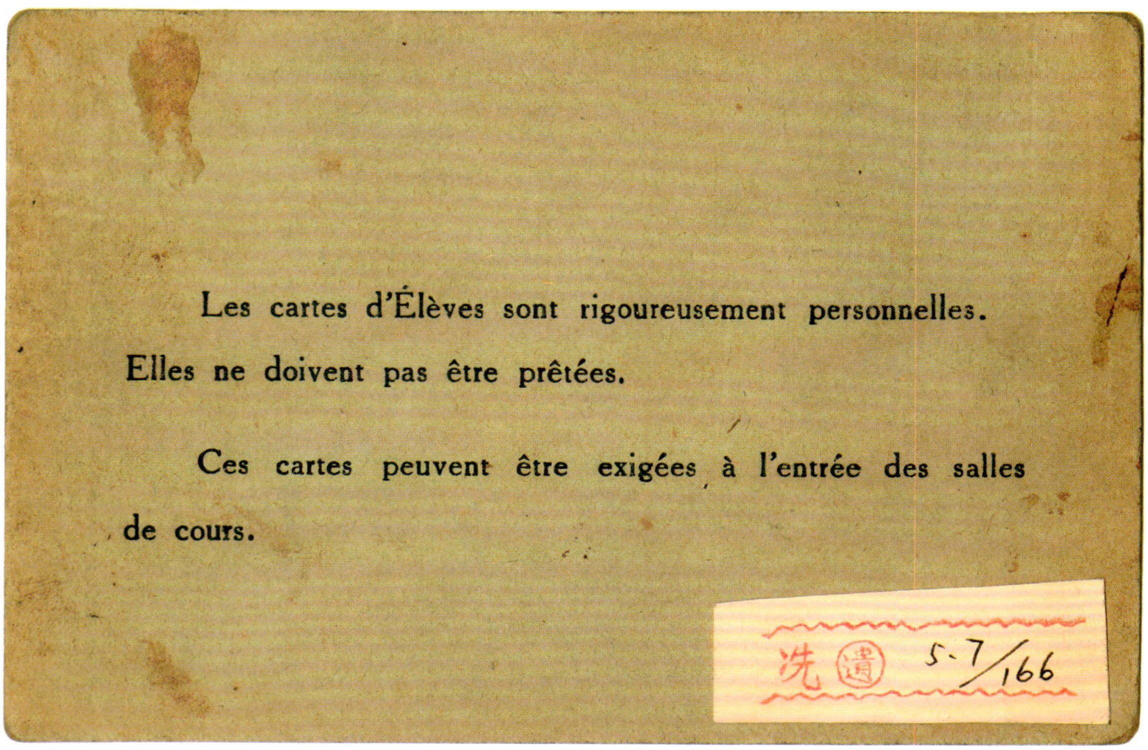

Les cartes d'Élèves sont rigoureusement personnelles. Elles ne doivent pas être prêtées.

Ces cartes peuvent être exigées à l'entrée des salles de cours.

冼 遺 5.7/166

冼星海在法国巴黎国立音乐戏剧学院 1934—1935 学年的学生注册卡

7.6cm × 11.5cm

1934—1935 年

中国艺术研究院艺术与文献馆藏

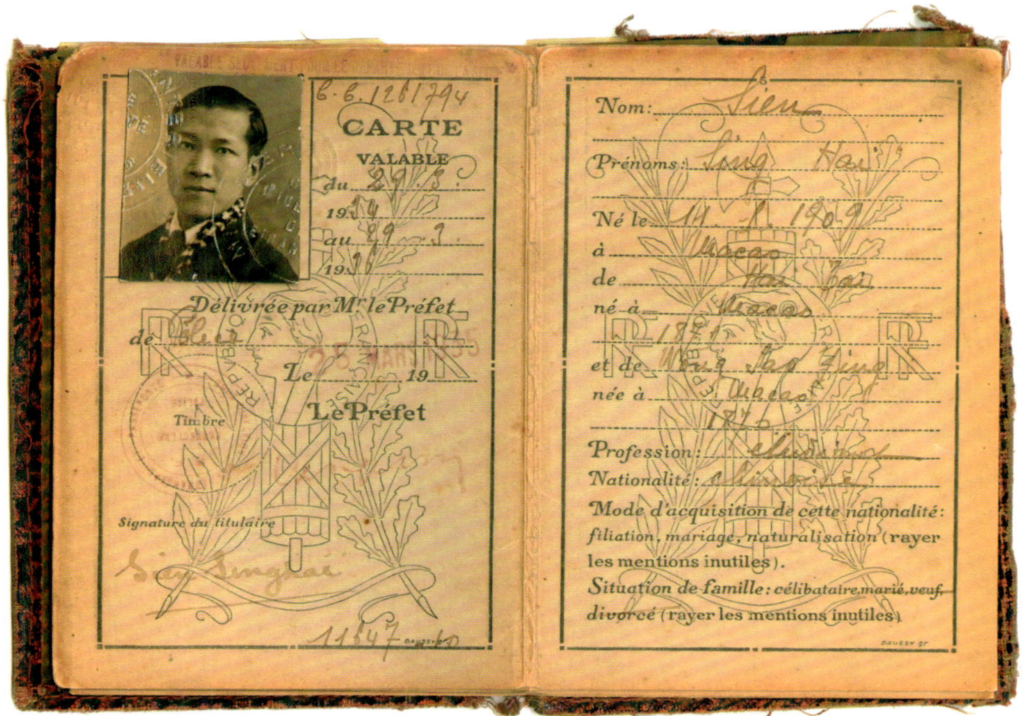

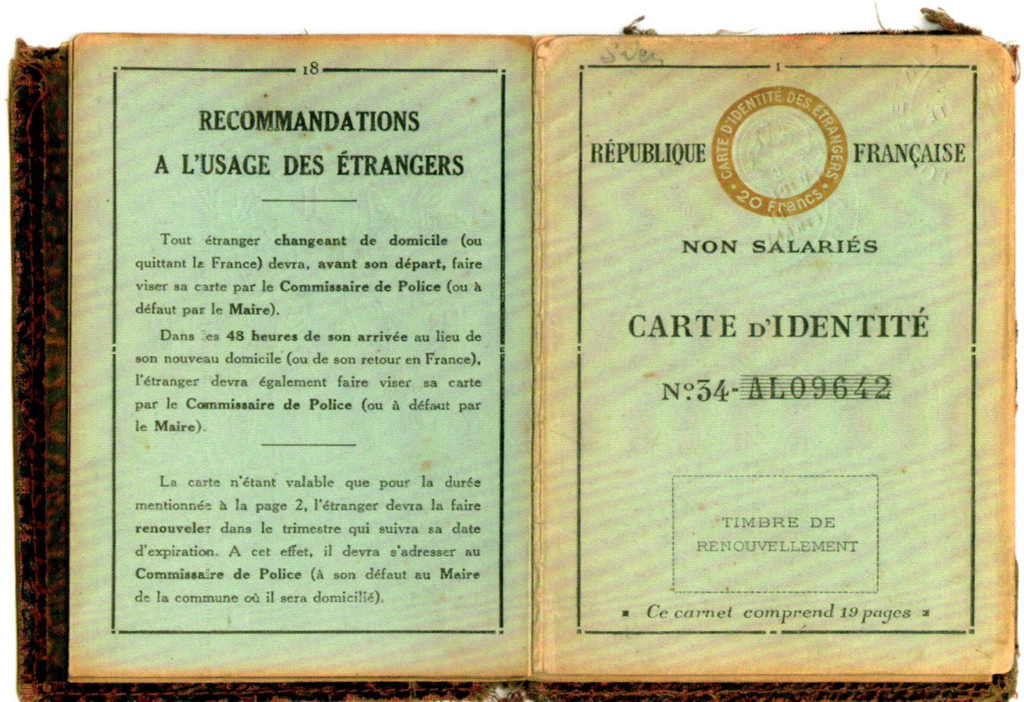

冼星海在法国巴黎时期的护照

外皮：18.8cm × 13.2cm　内页：18cm × 12.8cm

1934—1936 年

中国艺术研究院艺术与文献馆藏

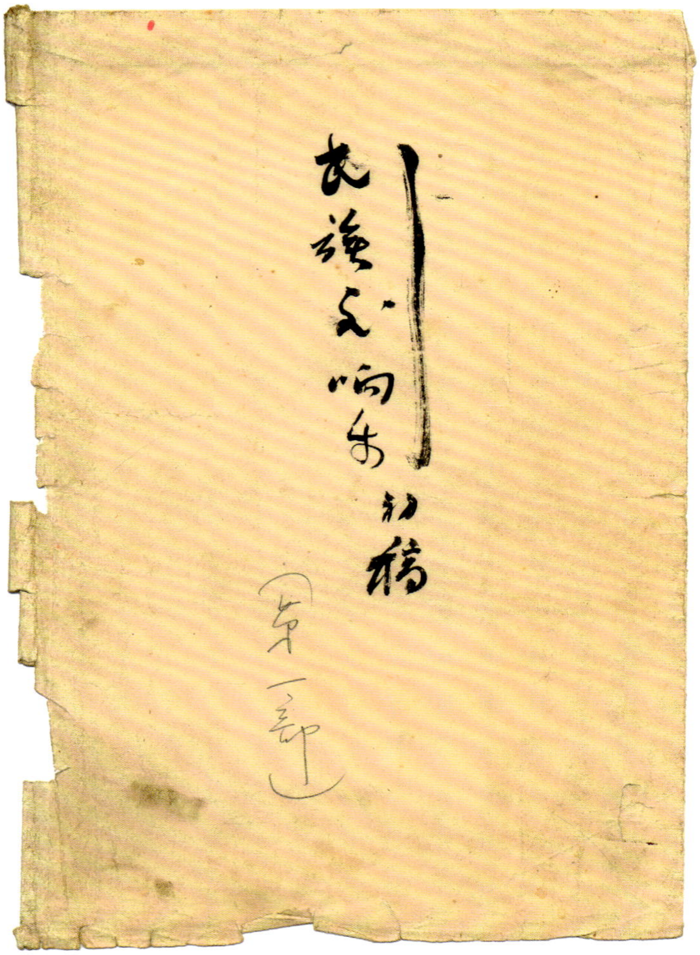

《民族交响乐》初稿（第一部）

冼星海

26.5cm × 18.4cm

手稿

20 世纪三四十年代

中国艺术研究院艺术与文献馆藏

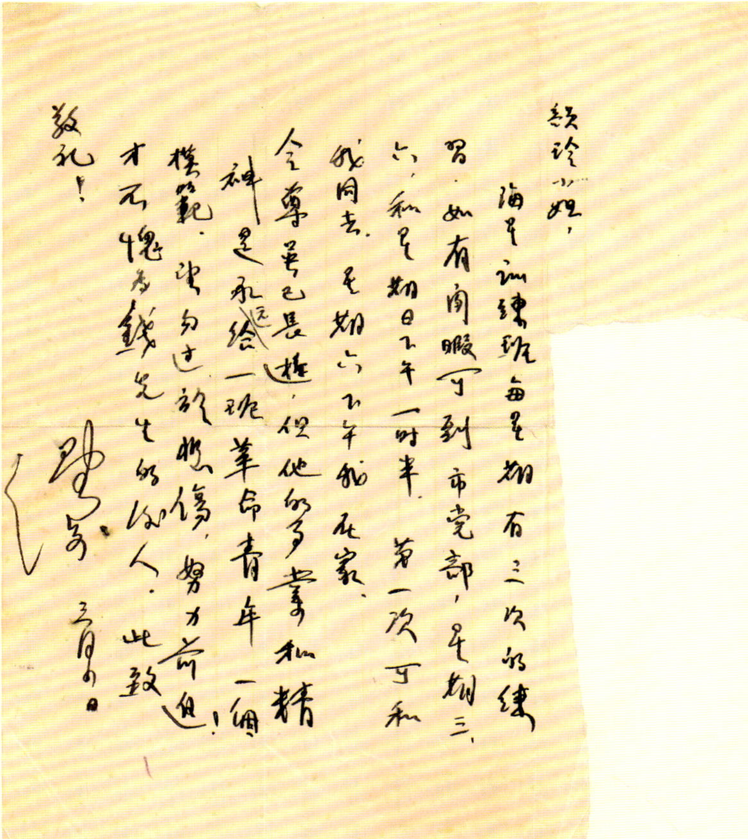

韵玲小姐，

海星训练班每星期有三次的练习。如有闲暇，可到市党部，星期三、六，和星期日下午一时半。第一次可和我同去。星期六下午我在家。

令尊虽已长逝，但他的事业和精神是永远给一班革命青年一个模范。决勿过于悲伤，努力前进！才不愧为钱先生的后人。此致

敬礼！

星海

三月四日

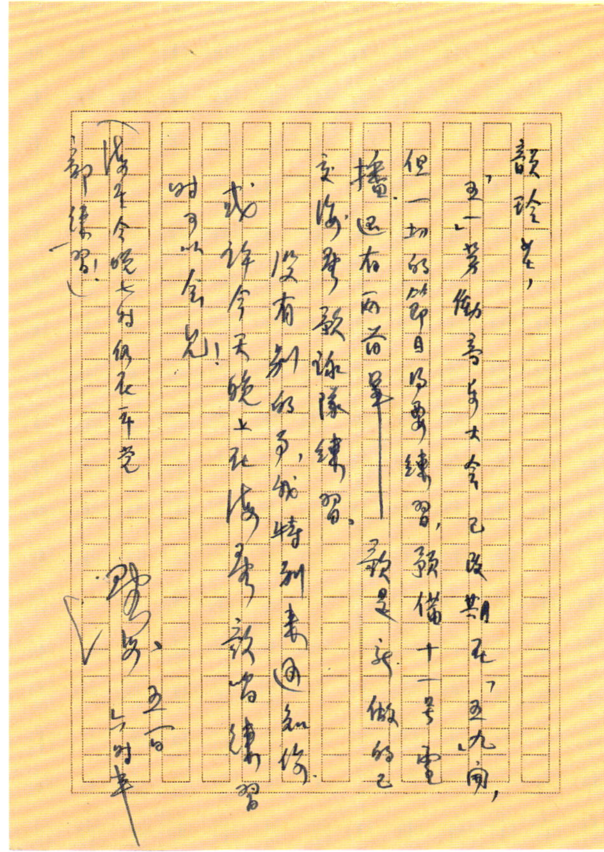

韵玲君，

"五一"劳动青年大会已改期在"五九"开，但一切的节目仍要练习，预备十一号电播。还有两首歌是新做的已交给海星歌咏队练习。

没有新的事，我特别来通知你，我今天晚上在海星教唱练习时可以会见！

星海

五一 六时半

（海星今晚七时仍在市党部练习！）

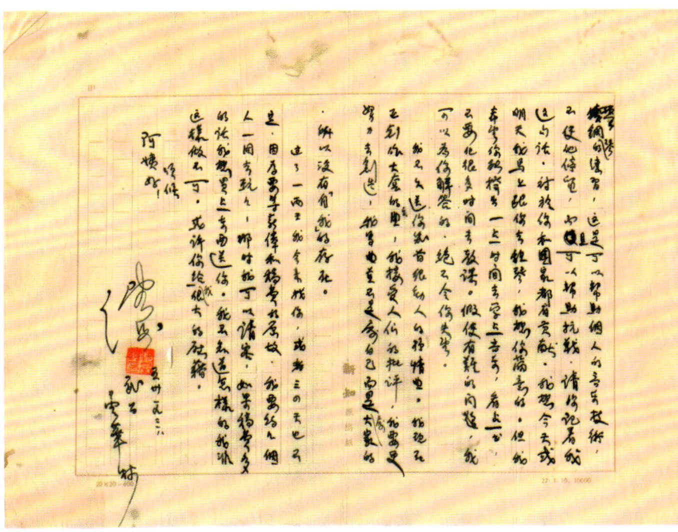

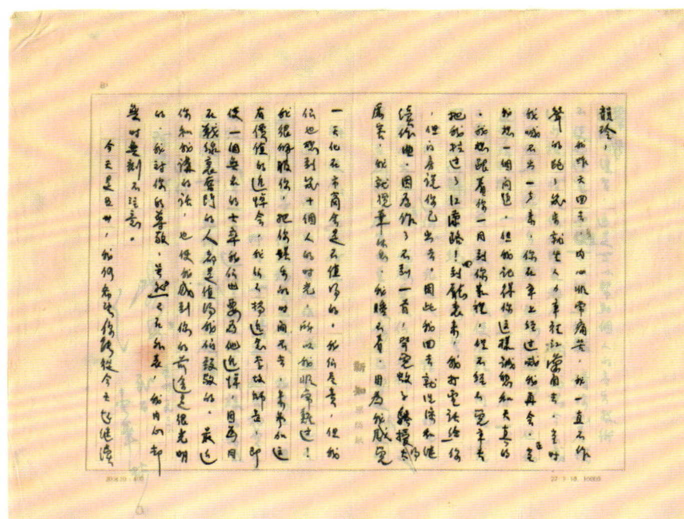

给钱韵玲的信　自武汉

冼星海

1938 年 3 月 4 日：21cm × 18.2cm

1938 年 5 月 1 日：24.8cm × 17.8cm

1938 年 5 月 31 日：22cm × 28.2cm

手稿

1938 年

中国艺术研究院艺术与文献馆藏

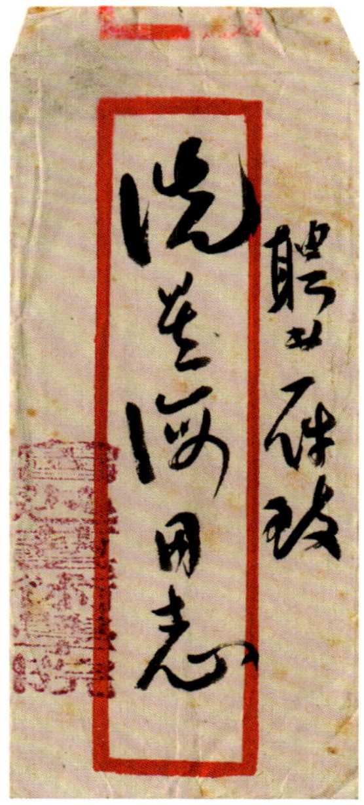

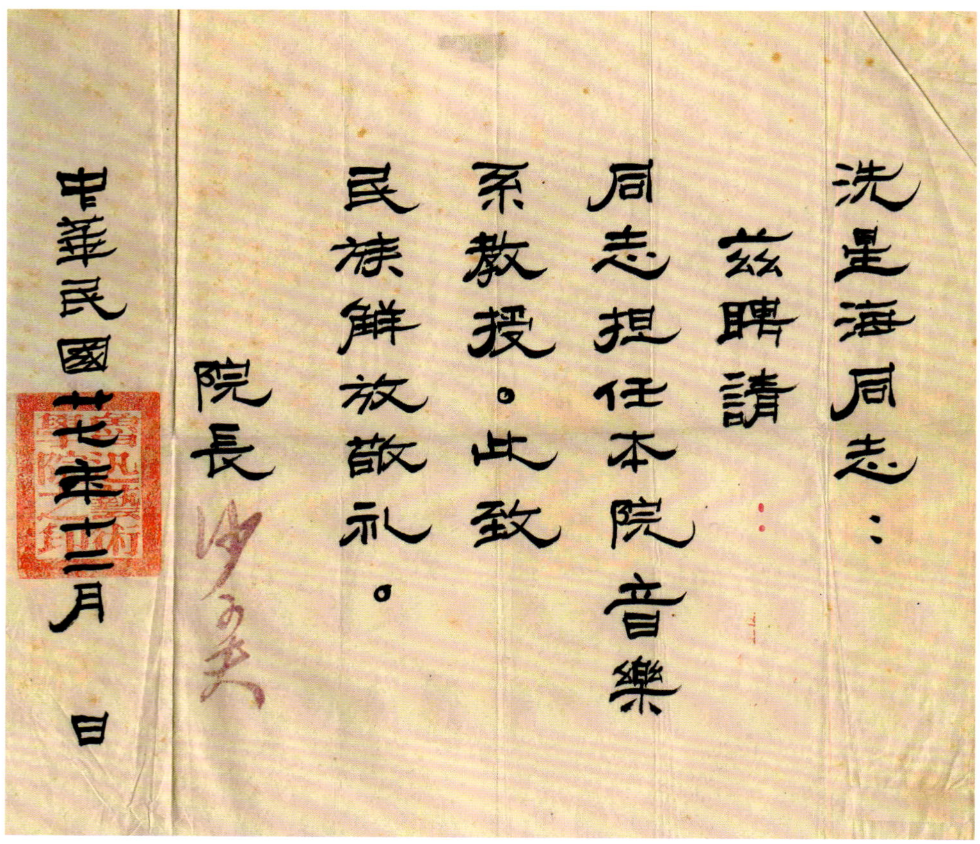
冼星海同志：

兹聘請

同志担任本院音樂

系教授。此致

民族解放敬禮。

院長 沙可夫

中華民國廿七年十二月 日

鲁迅艺术学院给冼星海的聘书

沙可夫

信封：16.4cm × 7cm

聘书：28.5cm × 32.6cm

手稿

1938 年

中国艺术研究院艺术与文献馆藏

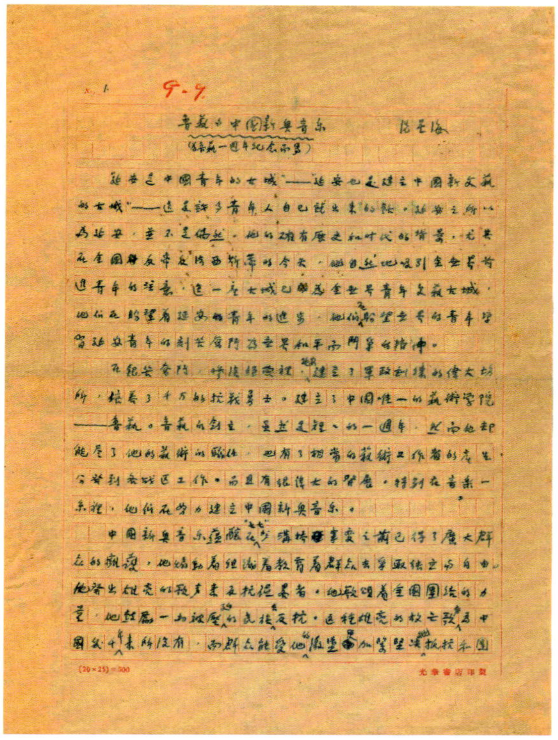
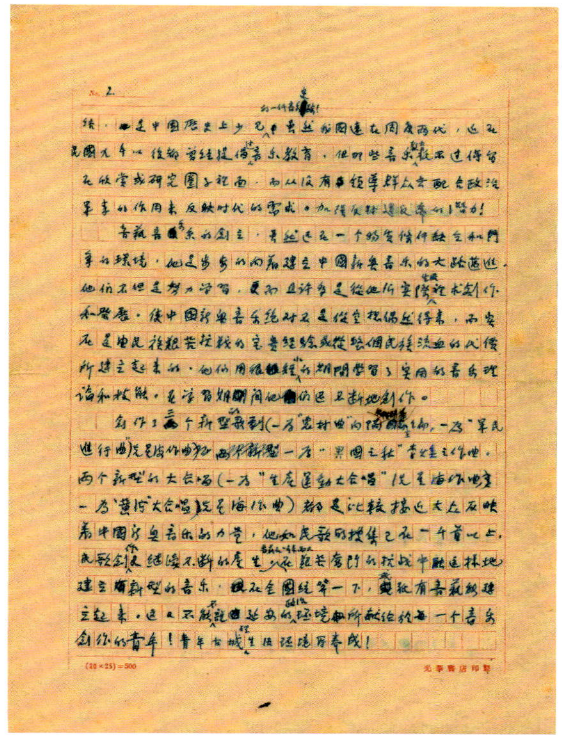
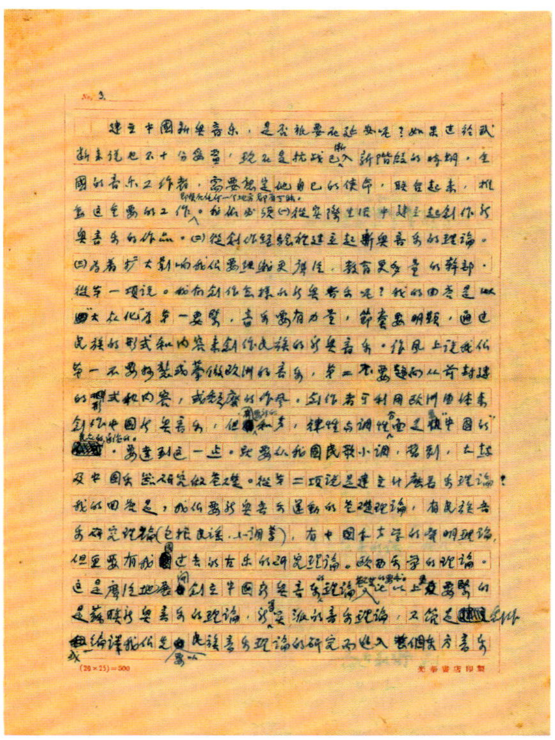
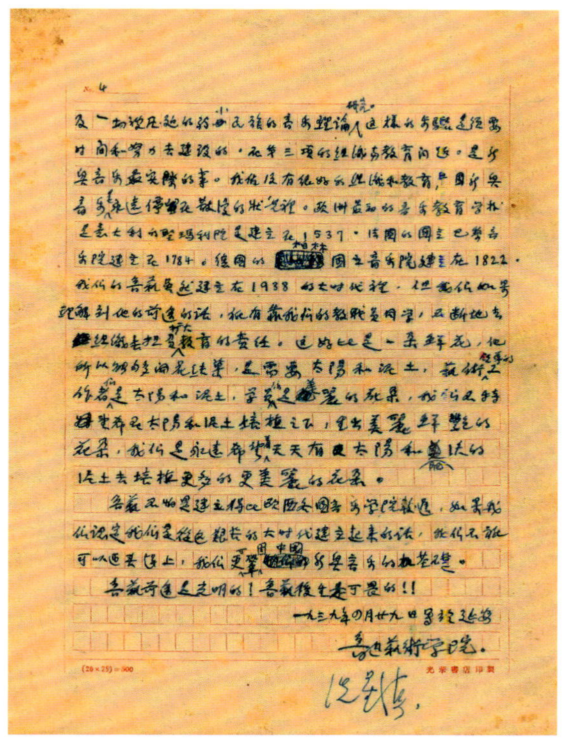

《鲁艺与中国新兴音乐》

冼星海

35cm × 25.4cm

手稿

1939 年

中国艺术研究院艺术与文献馆藏

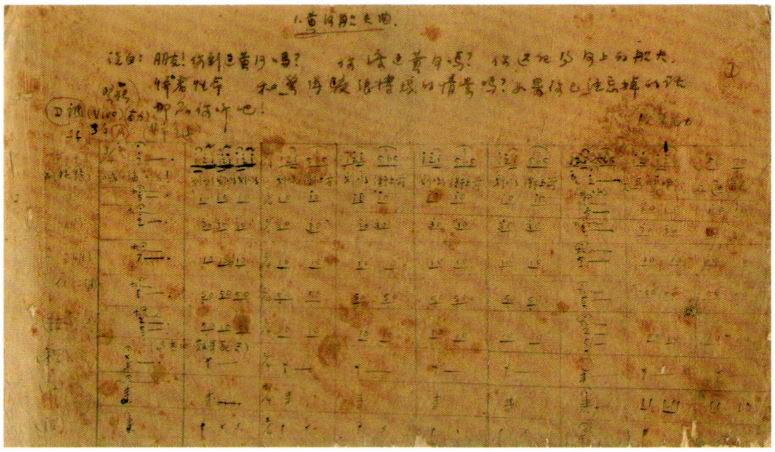

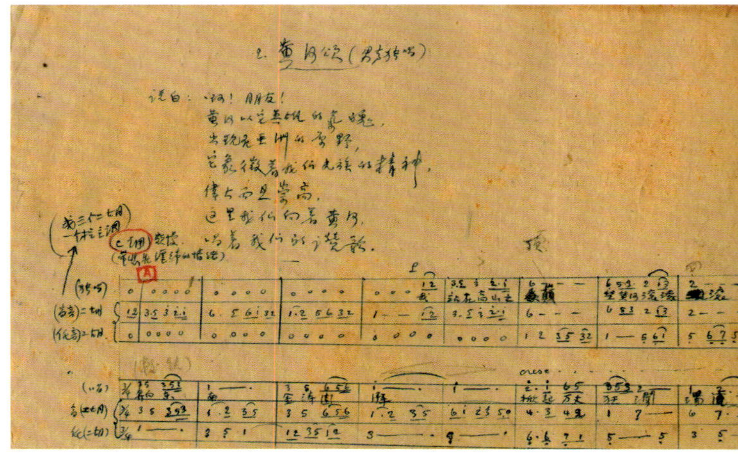
黄河颂

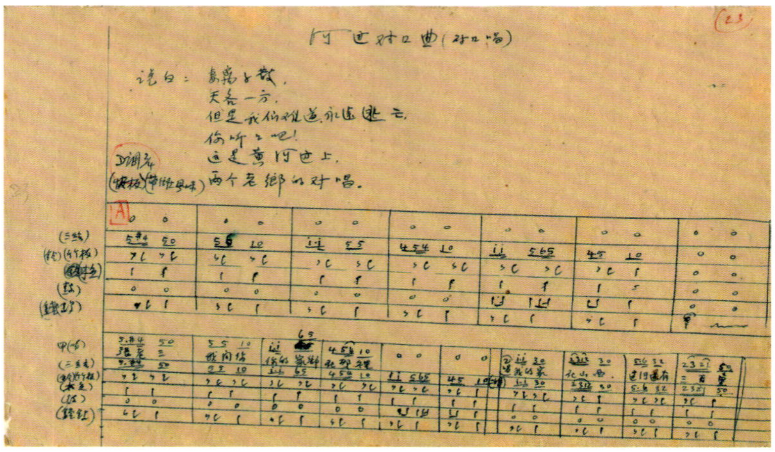
河边对口曲（对口唱）

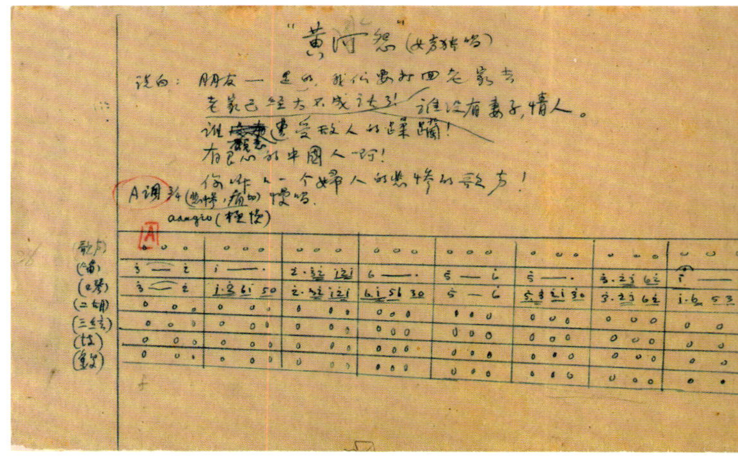
"黄河怨"（女高独唱）

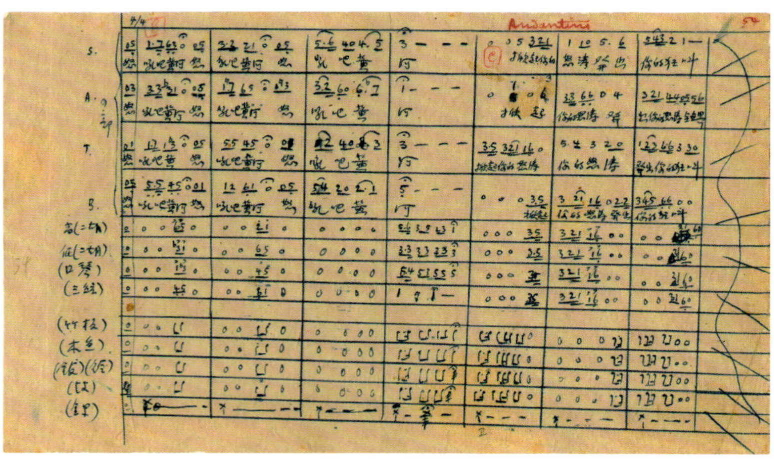
Andantino

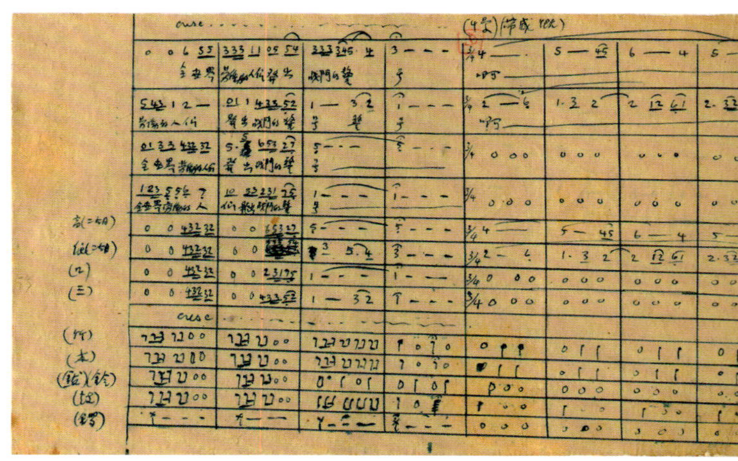

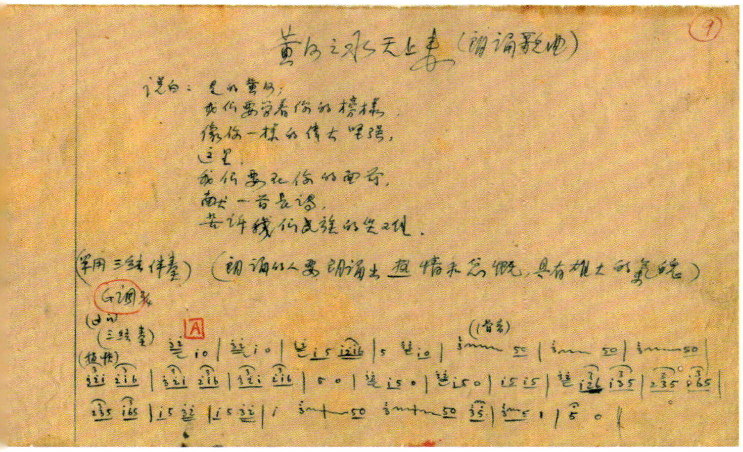

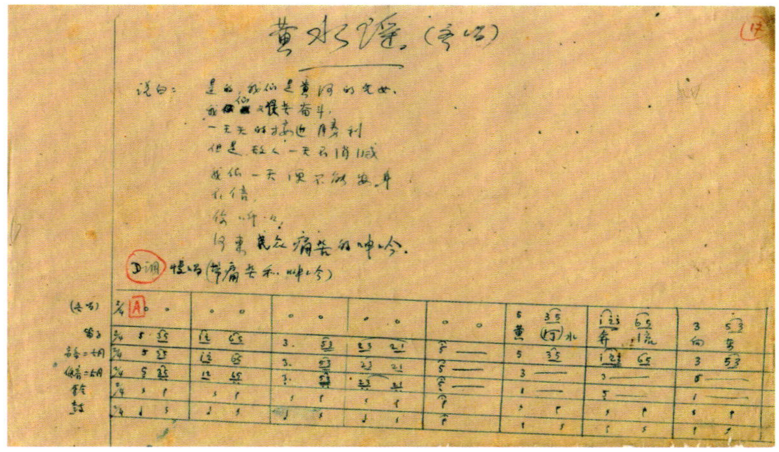

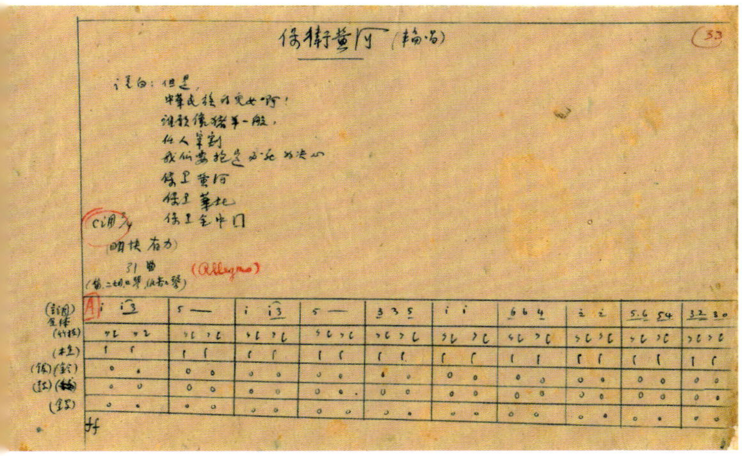

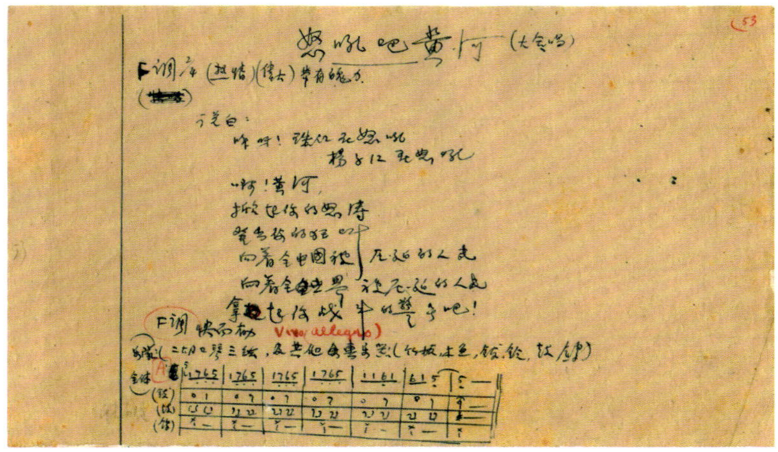

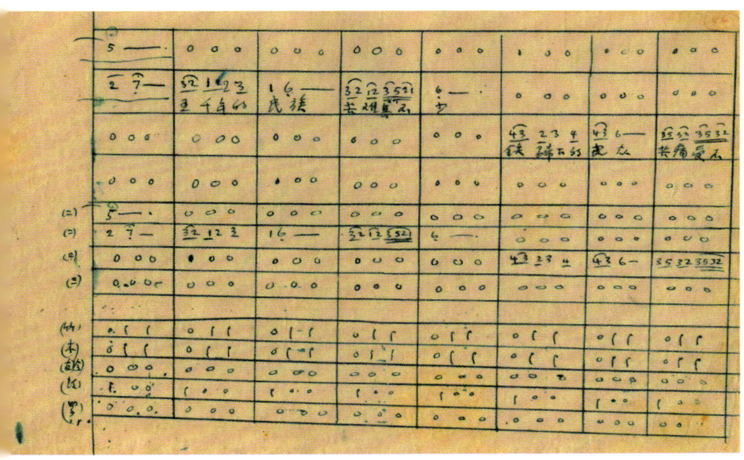

《黄河大合唱》（延安稿）

光未然词、冼星海曲

21.2cm × 33.6cm

手稿

1939 年

中国艺术研究院艺术与文献馆藏

冼星海延安鲁艺胸章 1

2.7cm × 2.7cm

1939 年

中国艺术研究院艺术与文献馆藏

冼星海延安鲁艺胸章 2

3.2cm × 3.2cm

1940 年

中国艺术研究院艺术与文献馆藏

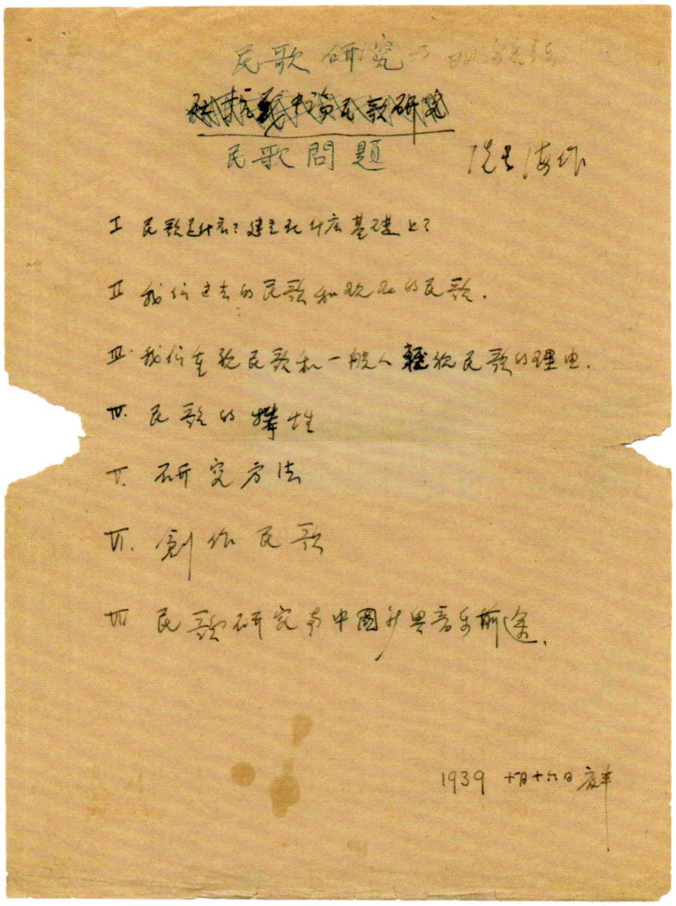

民歌研究

民歌問題　冼星海

I 民歌是什么？建立在什么基礎上？

II 我们过去的民歌和现在的民歌。

III 我们重视民歌和一般人轻视民歌的理由。

IV 民歌的特性

V 研究方法

VI 创作民歌

VII 民歌研究与中国新兴音乐前途。

1939 十月十六日 夜半

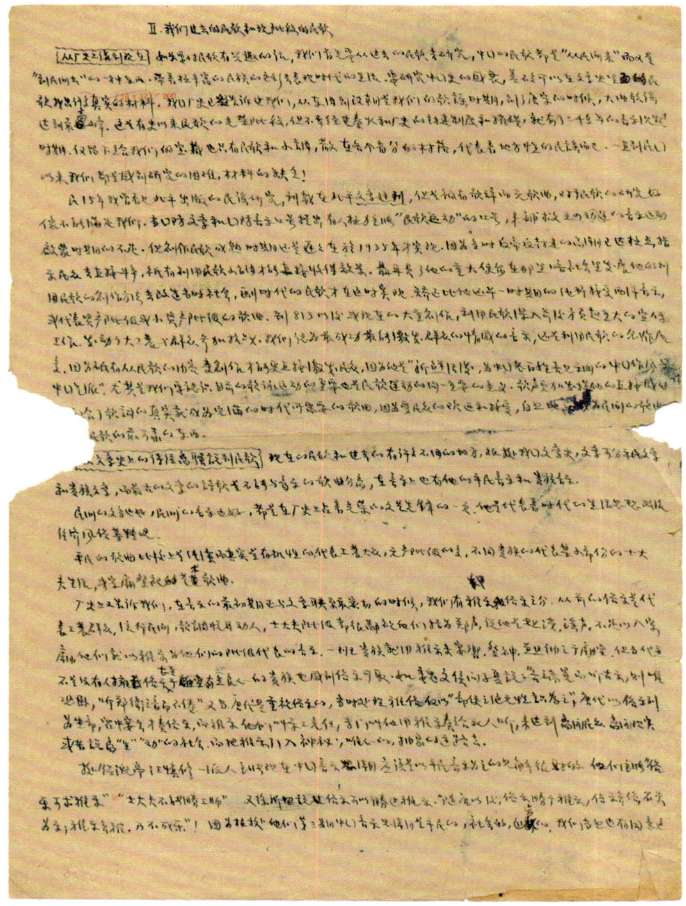

II 我们过去的民歌和现在的民歌

《民歌研究　民歌问题》

冼星海

35.5cm × 25.6cm

手稿

1939 年

中国艺术研究院艺术与文献馆藏

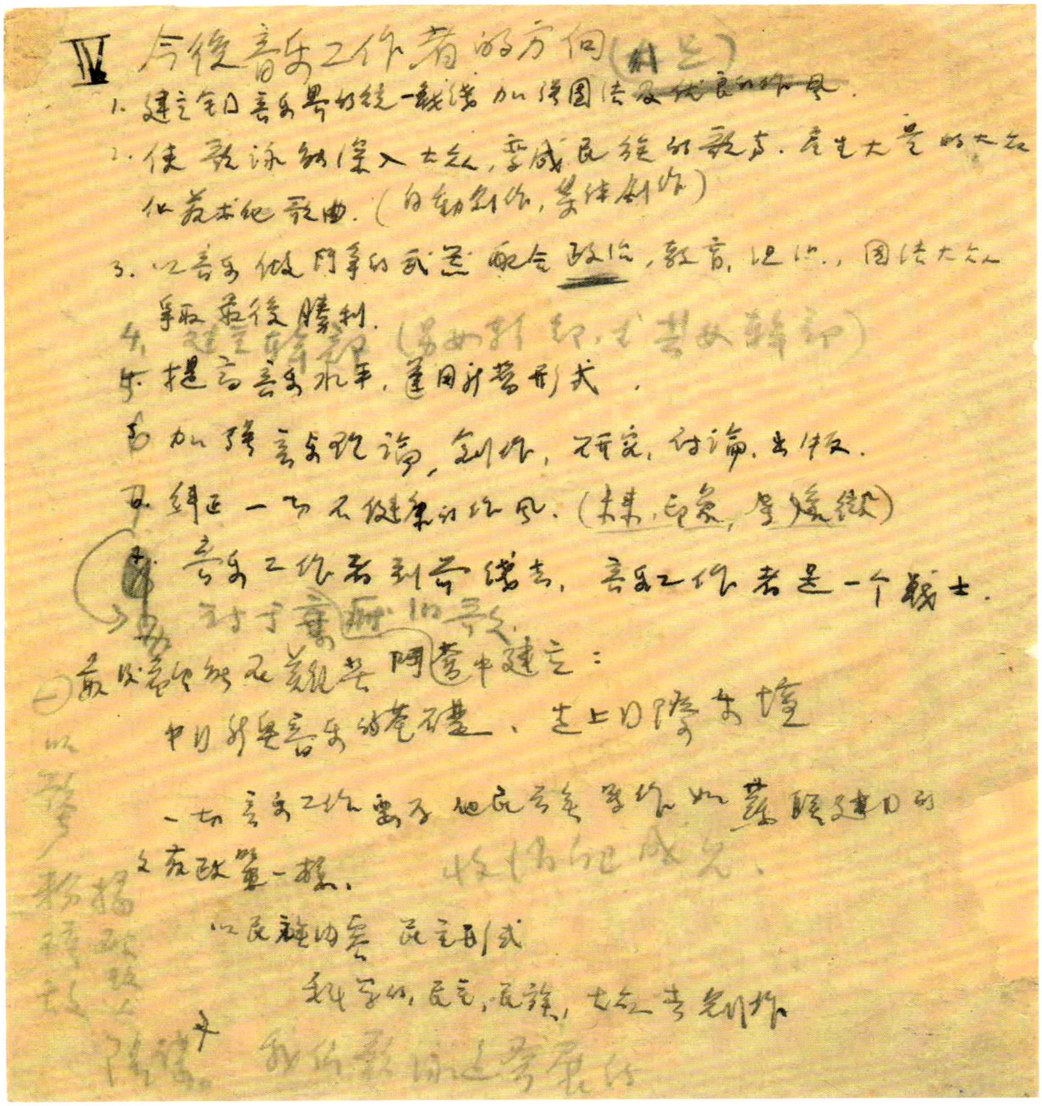

IV 今後音乐工作者的方向
1. 建立全国音乐界的统一战线 加强团结 [illegible]
2. 使歌咏运动深入大众，[illegible]民族的歌声。产生大量的大众化艺术化歌曲。（自动创作，集体创作）
3. 以音乐做斗争的武器 配合政治，教育，组织，团结大众争取最後胜利。
5. 提高音乐水準，运用新艺形式。
6. 加强音乐理论、创作、研究、讨论、出版。
7. 纠正一切不健康的作风。（[illegible]）
8. 音乐工作者到前线去，音乐工作者是一个战士。
[illegible]

《在文协代表大会的音乐报告提纲》

冼星海

21.4cm × 19.2cm

手稿

1940 年

中国艺术研究院艺术与文献馆藏

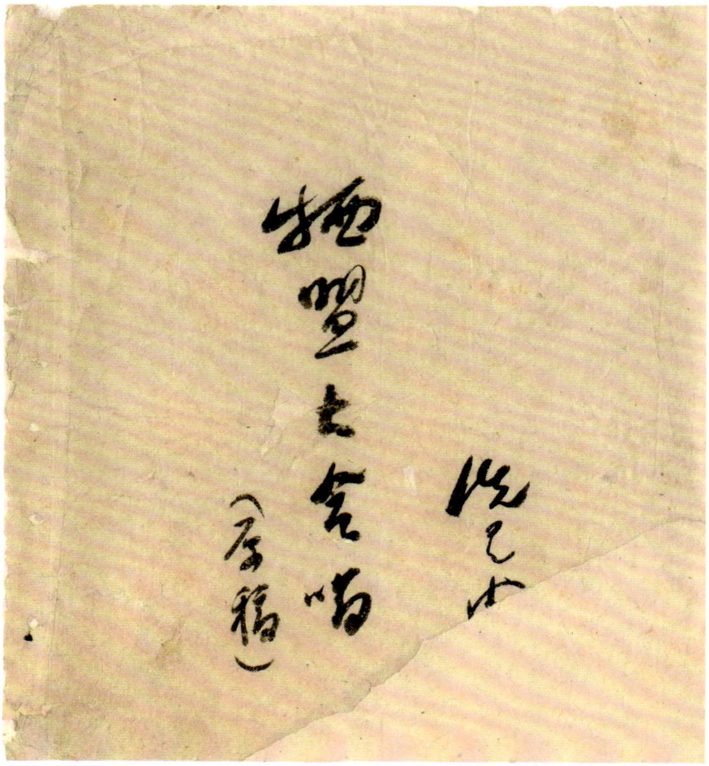

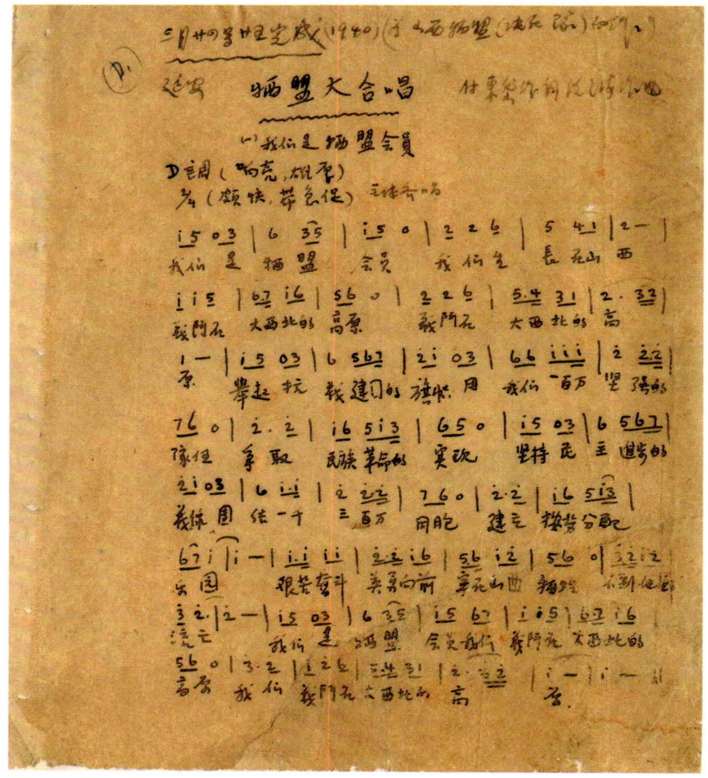

《牺盟大合唱》原稿

傅东岱词、冼星海曲

21.5cm × 18.6cm

手稿

1940 年

中国艺术研究院艺术与文献馆藏

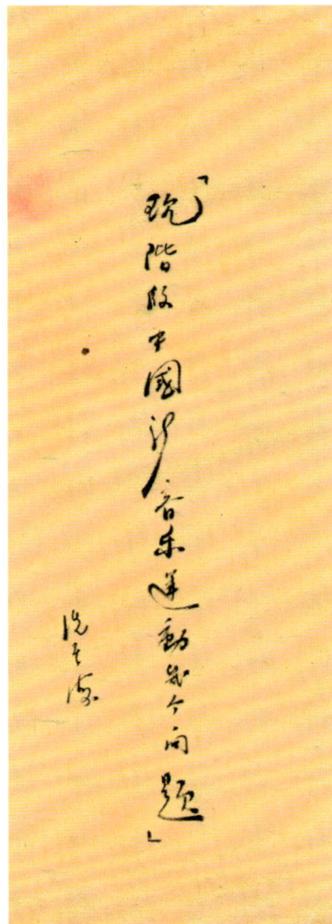

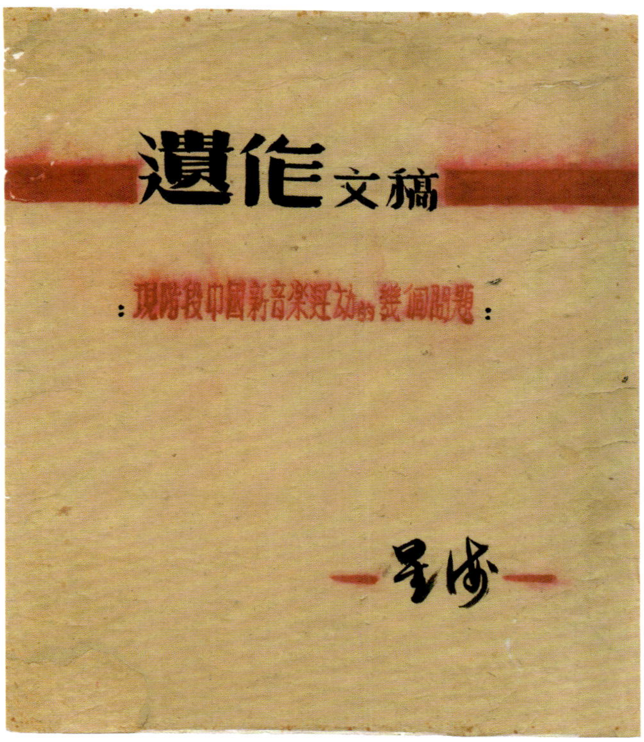

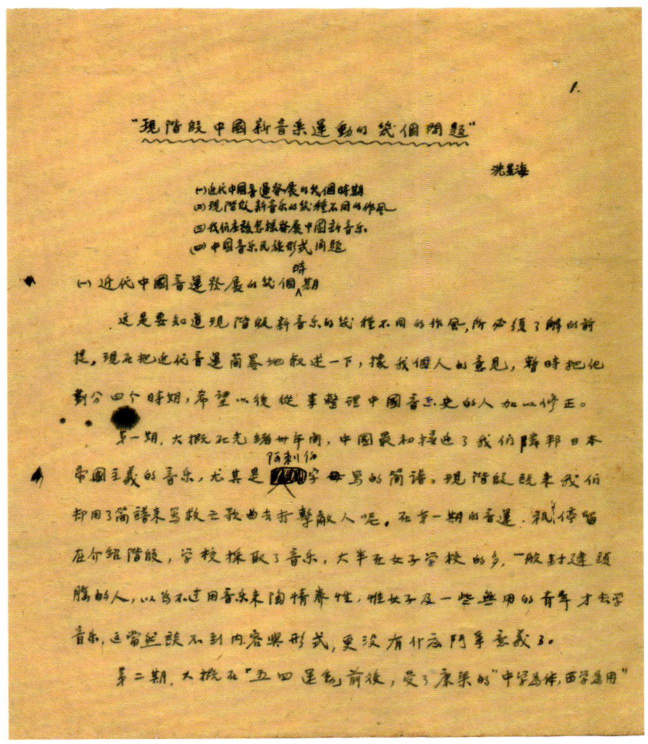

《遗作文稿：现阶段中国新音乐运动的几个问题》

冼星海

32.2cm × 27.7cm

手稿

1940 年

中国艺术研究院艺术与文献馆藏

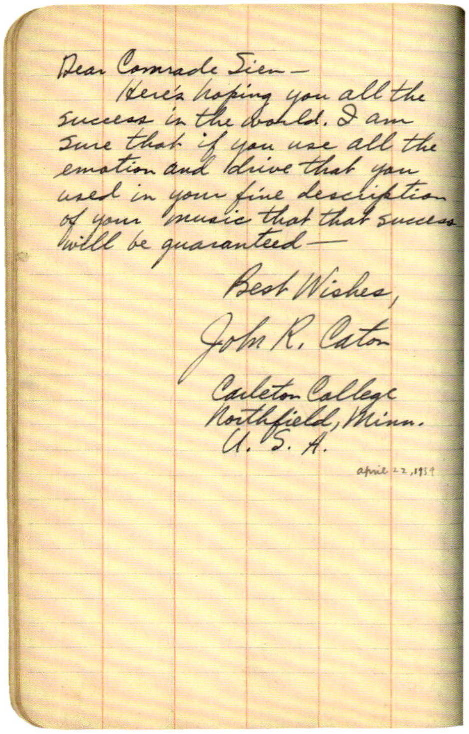

Dear Comrade Sien—
Here's hoping you all the success in the world. I am sure that if you use all the emotion and drive that you used in your fine description of your music that that success will be guaranteed—
Best Wishes,
John R. Caton
Carleton College
Northfield, Minn.
U.S.A.
April 22, 1939

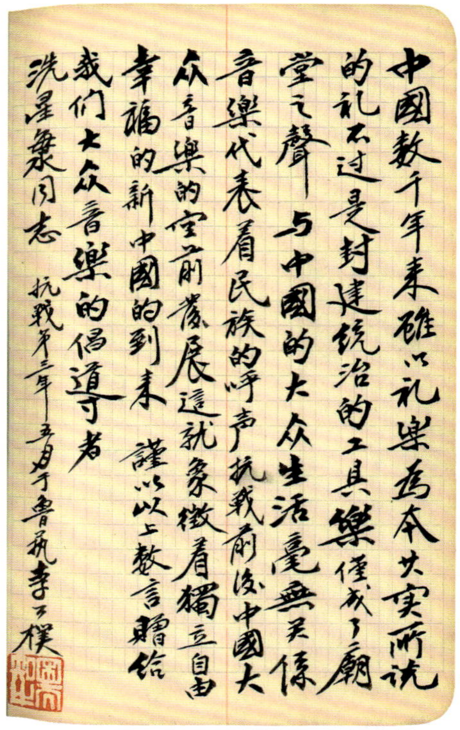

中國數千年来雖以礼樂為本 其实所說的礼不过是封建統治的工具 樂僅成了廟堂之聲 与中國的大众生活毫無关係 音樂代表着民族的呼声 抗戰前後中國大众音樂的空前發展 這就象徵着獨立自由幸福的新中國的到来 謹以以上數言贈給 我們大众音樂的倡導者 冼星海同志

抗戰第二年五月于魯藝

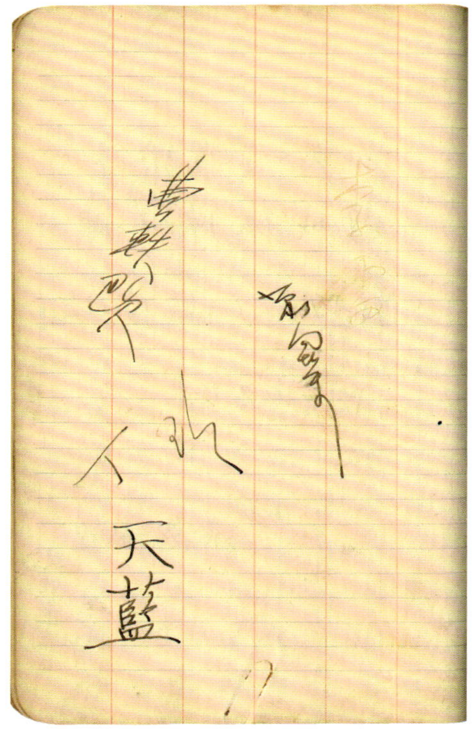

天藍

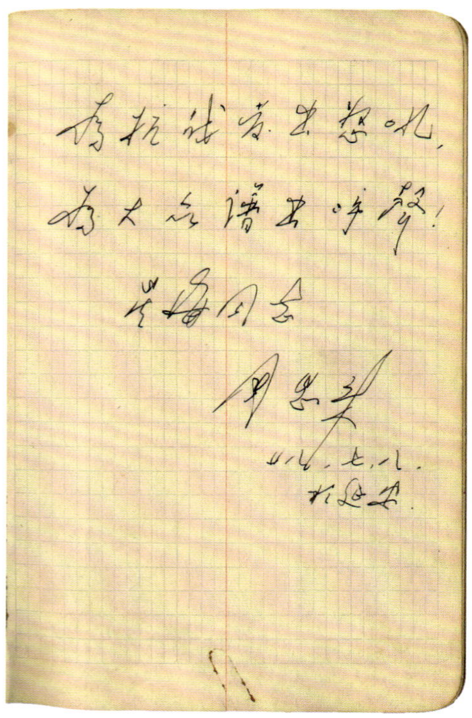

為抗戰發出怒吼，
為大众譜出呼聲！
星海同志
周恩来
廿八.七.八.
於延安

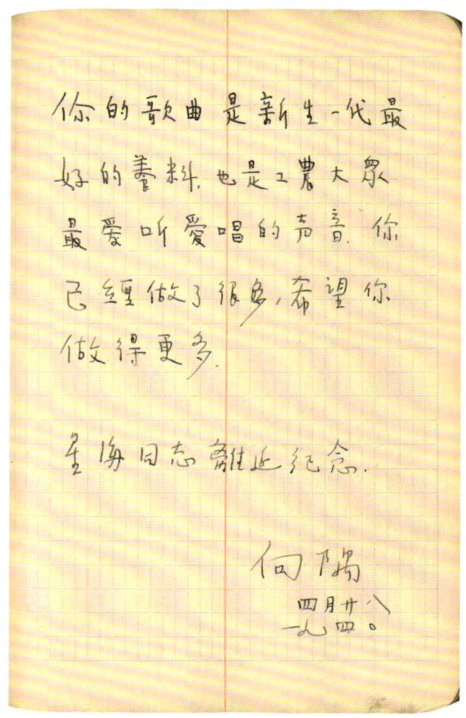

你的歌曲是新生一代最好的養料，也是工農大衆最愛听愛唱的声音。你已經做了很多，希望你做得更多。

星海同志離延紀念。

向隅
四月廿八
一九四〇

给冼星海的留言册

周恩来、向隅等

18.1cm × 11cm

手稿

约 1940 年

中国艺术研究院艺术与文献馆藏

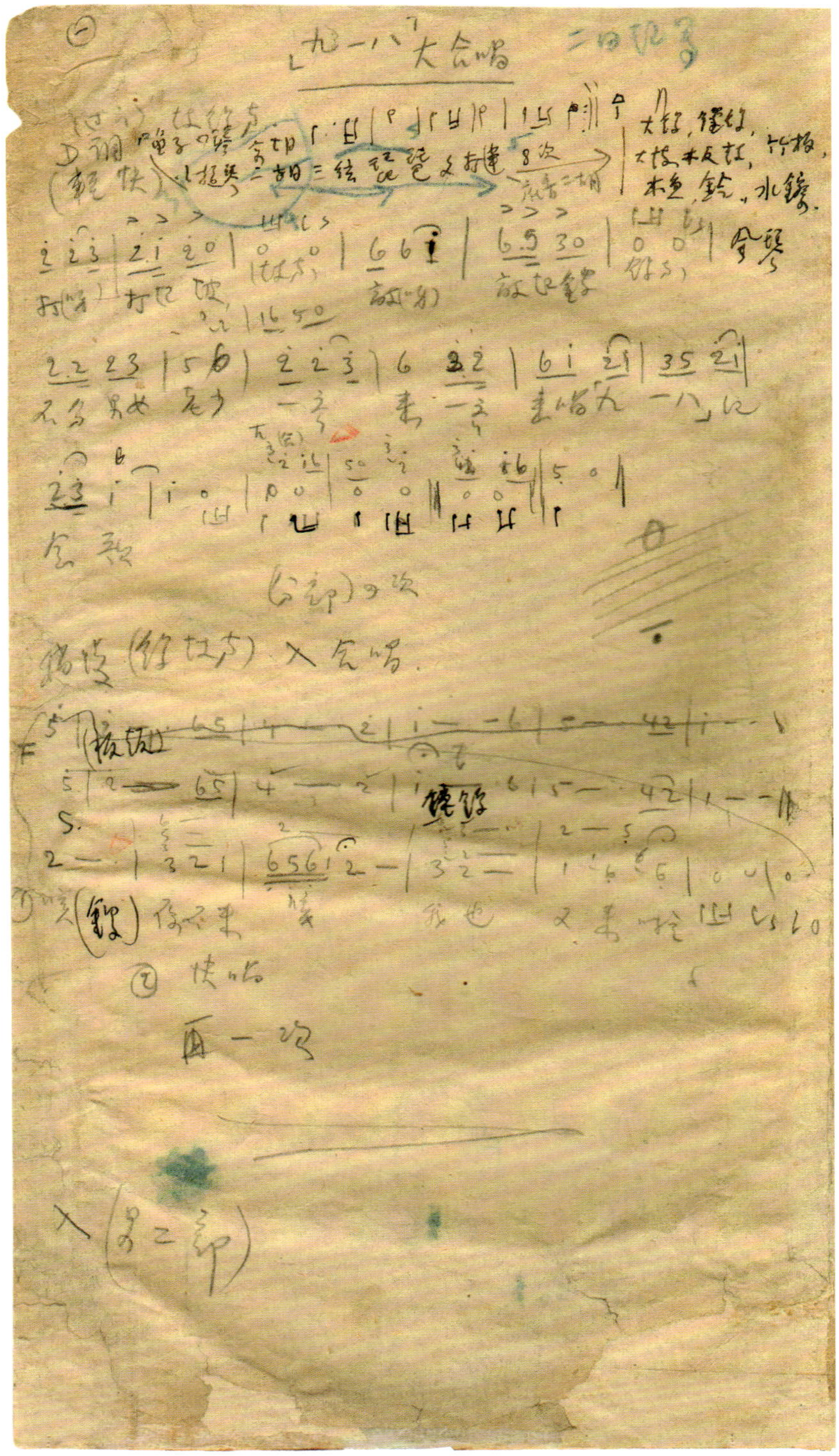

《“九一八”大合唱》

天蓝词、冼星海曲

32cm × 18.6cm

手稿

1939 年

中国艺术研究院艺术与文献馆藏

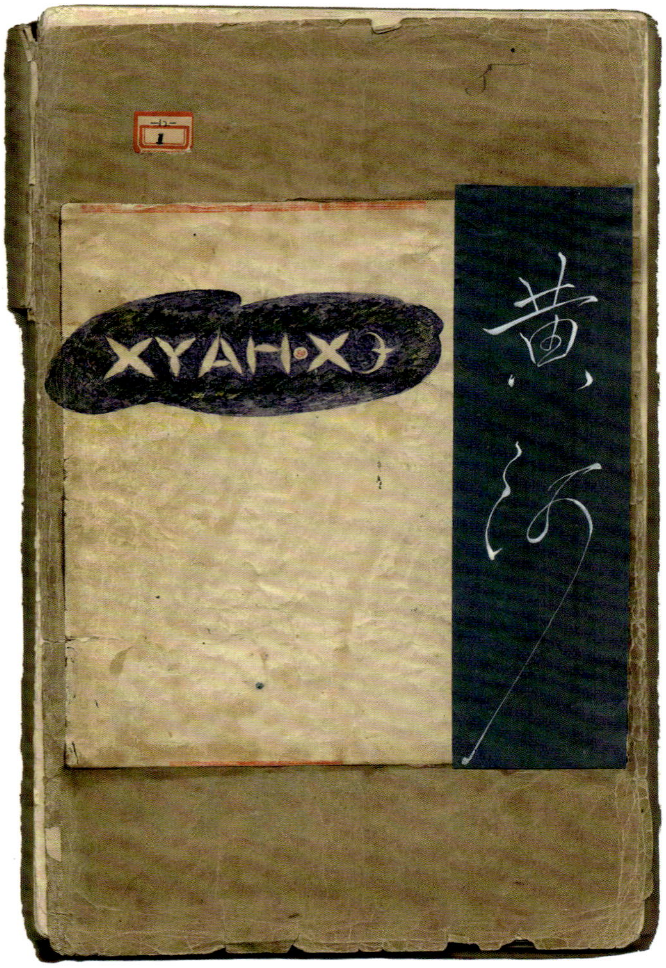

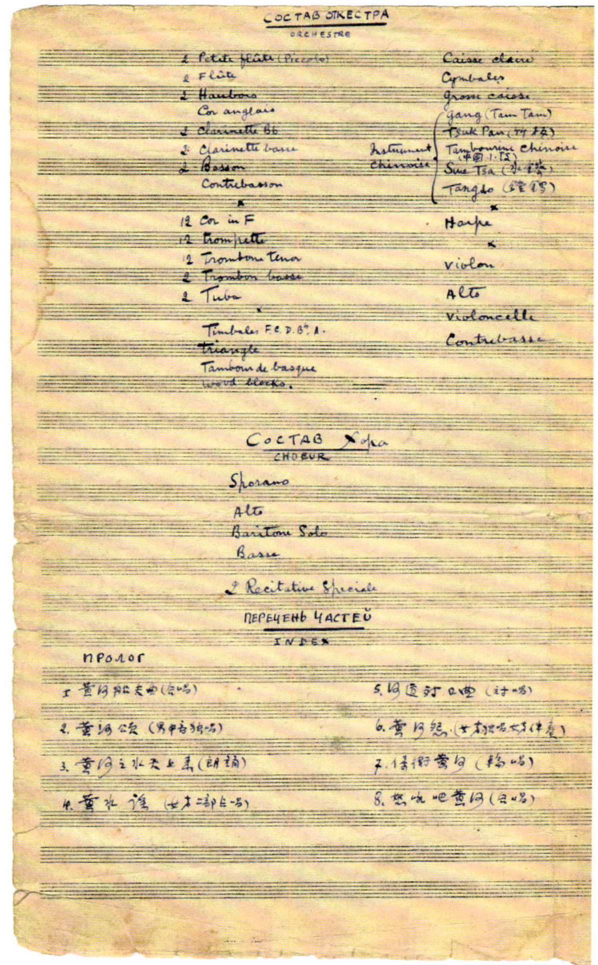

《黄河大合唱》总谱（莫斯科稿）

光未然词、冼星海曲

35.7cm × 22.5cm

手稿

1941 年

中国艺术研究院艺术与文献馆藏

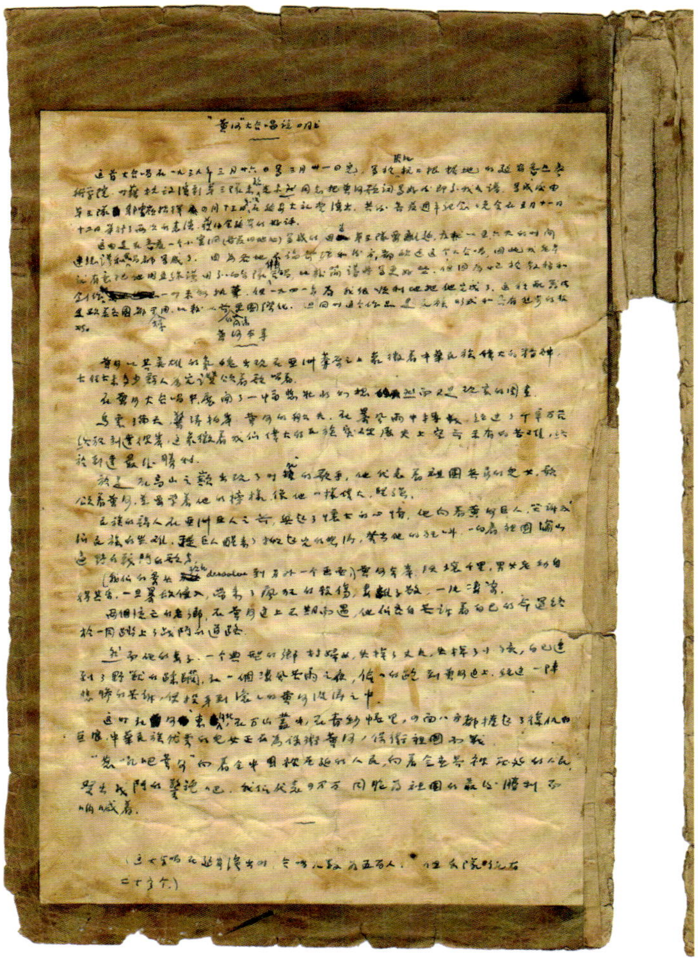

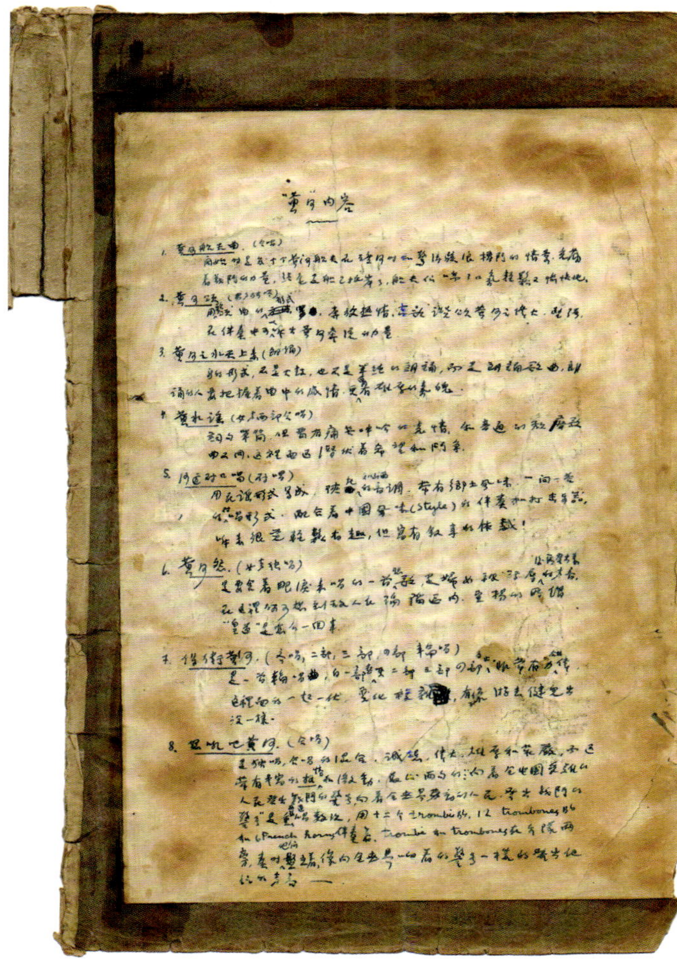

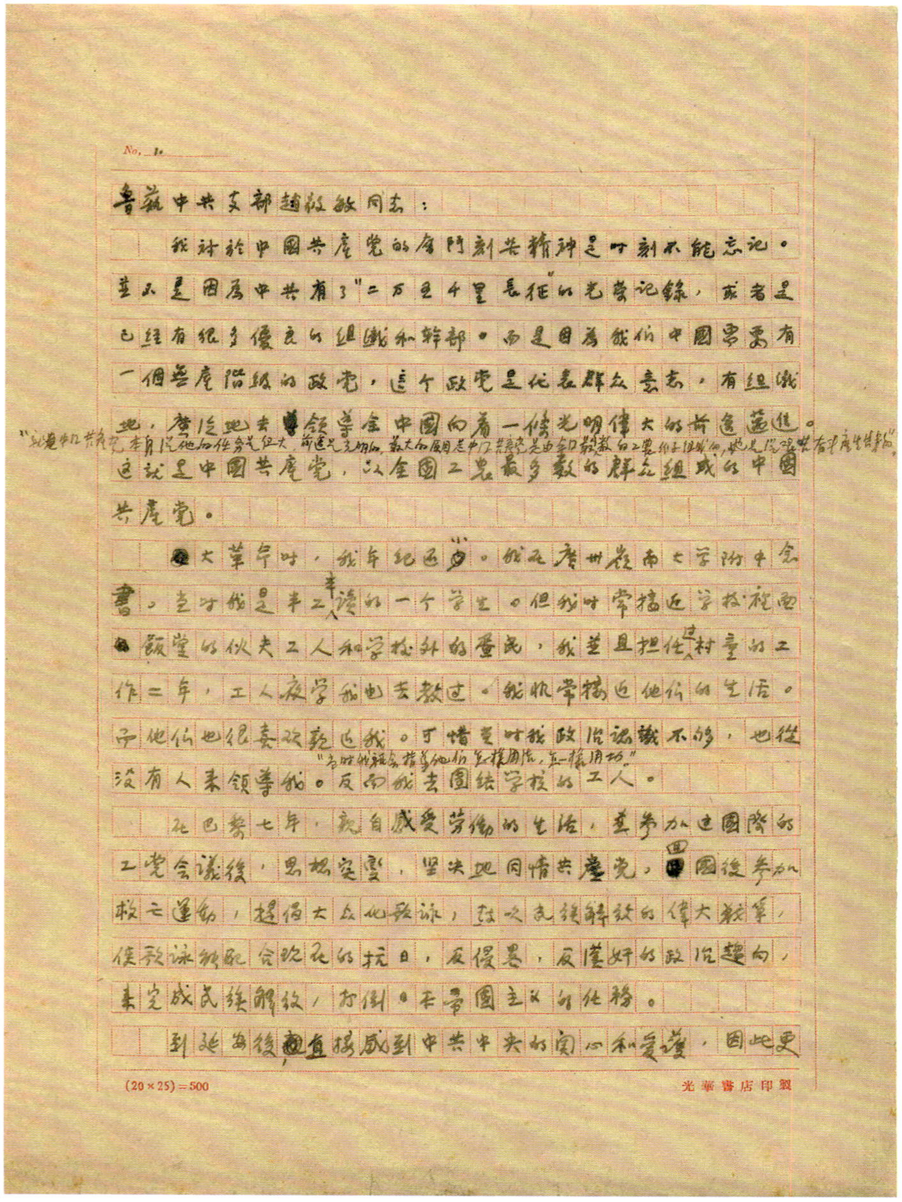
No. 1

鲁艺中共支部赵毅敏同志：

我对于中国共产党的奋斗刻苦精神是时刻不能忘记。并不是因为中共有了"二万五千里长征"的光荣记录，或者是已经有很多优良的组织和干部。而是因为我们中国需要有一个无产阶级的政党，这个政党是代表群众意志，有组织地，广泛地去领导全中国向着一条光明伟大的前途迈进。

这就是中国共产党，以全国工农最多数的群众组成的中国共产党。

大革命时，我年纪还少。我在广州岭南大学附中念书。当时我是半工半读的一个学生。但我时常接近学校里面饭堂的伙夫工人和学校外的蛋民，我并且担任过村童的工作二年，工人夜学我也去教过。我很常接近他们的生活。而他们也很喜欢亲近我。可惜当时我政治认识不够，也从没有人来领导我。反而我去团结学校的工人。

"当时我就会指导他们怎样团结，怎样用功。"

在巴黎七年，亲自感受劳动的生活，并参加过国际的工党会议后，思想突变，坚决地同情共产党。回国后参加救亡运动，提倡大众化歌咏，对于民族解放的伟大战争，使歌咏能配合政府的抗日，反侵略，反汉奸的政治趋向，来完成民族解放，打倒日本帝国主义的任务。

到延安后，更直接感到中共中央的关心和爱护，因此更

(20×25)=500　　光華書店印製

冼星海入党申请书（2005 年复制品）

冼星海

35.3cm × 25.5cm

手稿

1939 年

中国艺术研究院艺术与文献馆藏

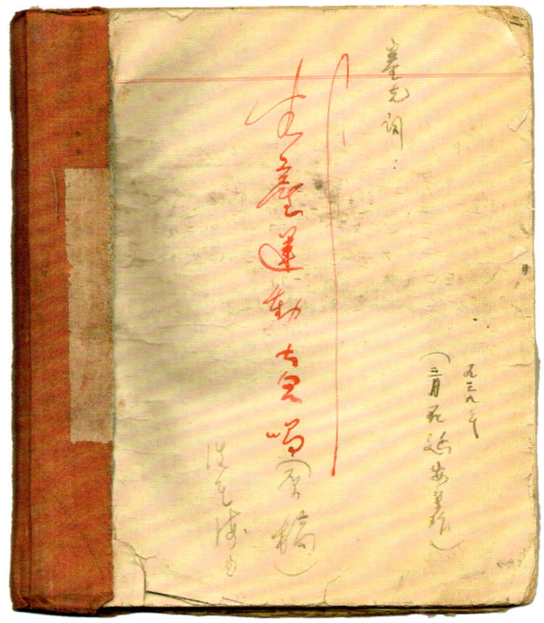

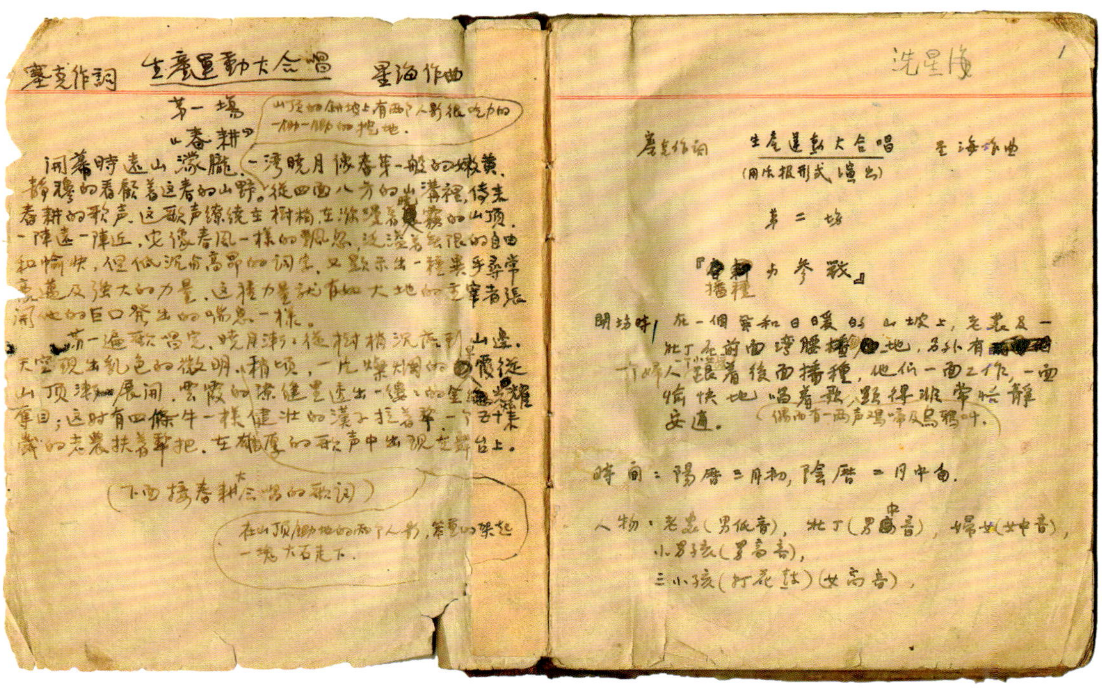

《生产运动大合唱》原稿及封面

塞克词、冼星海曲

20.5cm × 17cm

手稿

1939 年

中国艺术研究院艺术与文献馆藏

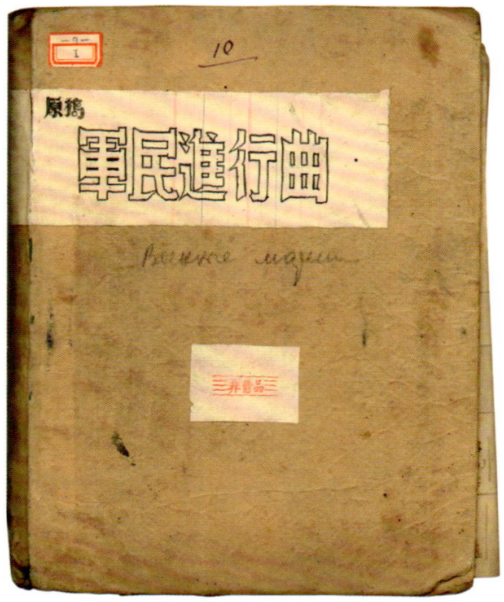

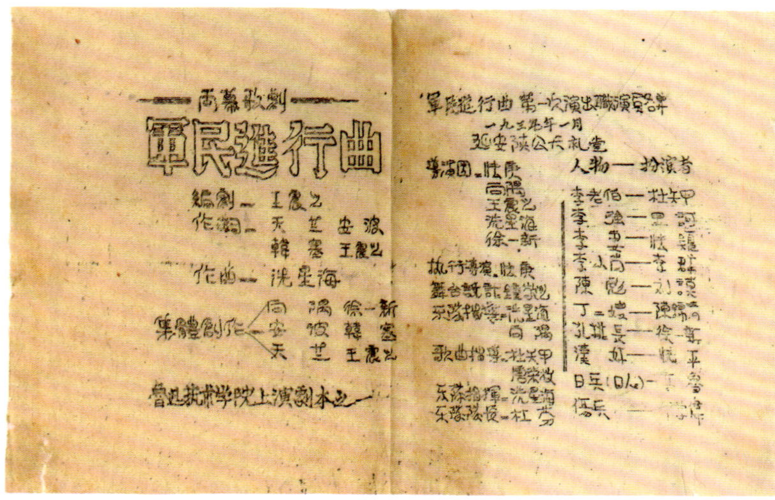

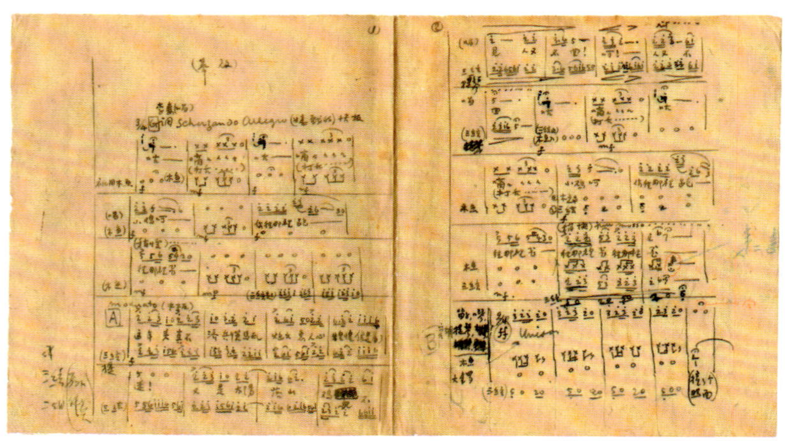

《军民进行曲》

王震之编剧，天蓝、安波等词，冼星海曲

25cm × 20cm

手稿

1937 年

中国艺术研究院艺术与文献馆藏

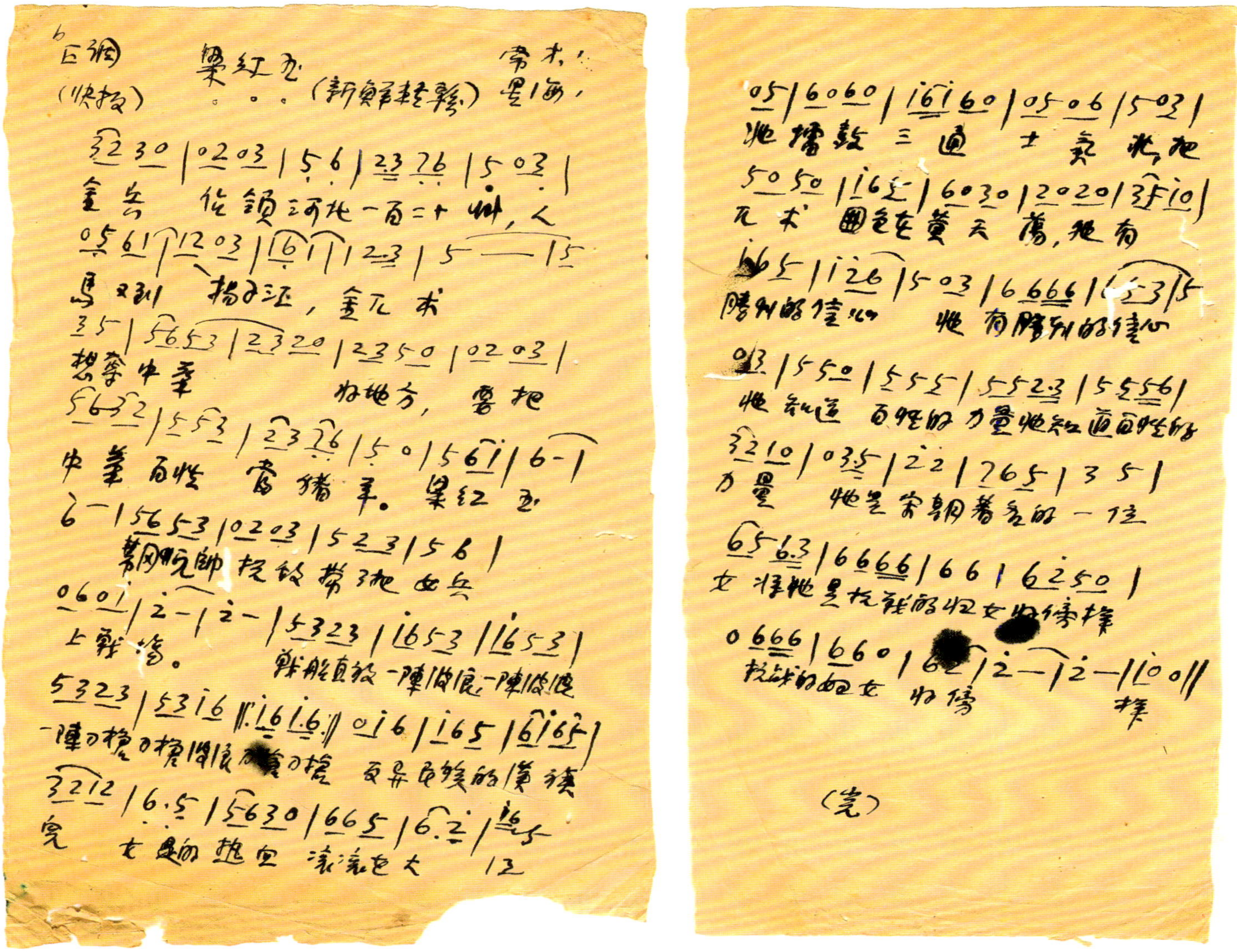

《梁红玉》歌谱

常木词、冼星海曲

23.6cm × 15.3cm

手稿

20 世纪三四十年代

中国艺术研究院艺术与文献馆藏

《救国进行曲》

田汉词、冼星海曲

32.2cm × 24cm

手稿

1936 年

中国艺术研究院艺术与文献馆藏

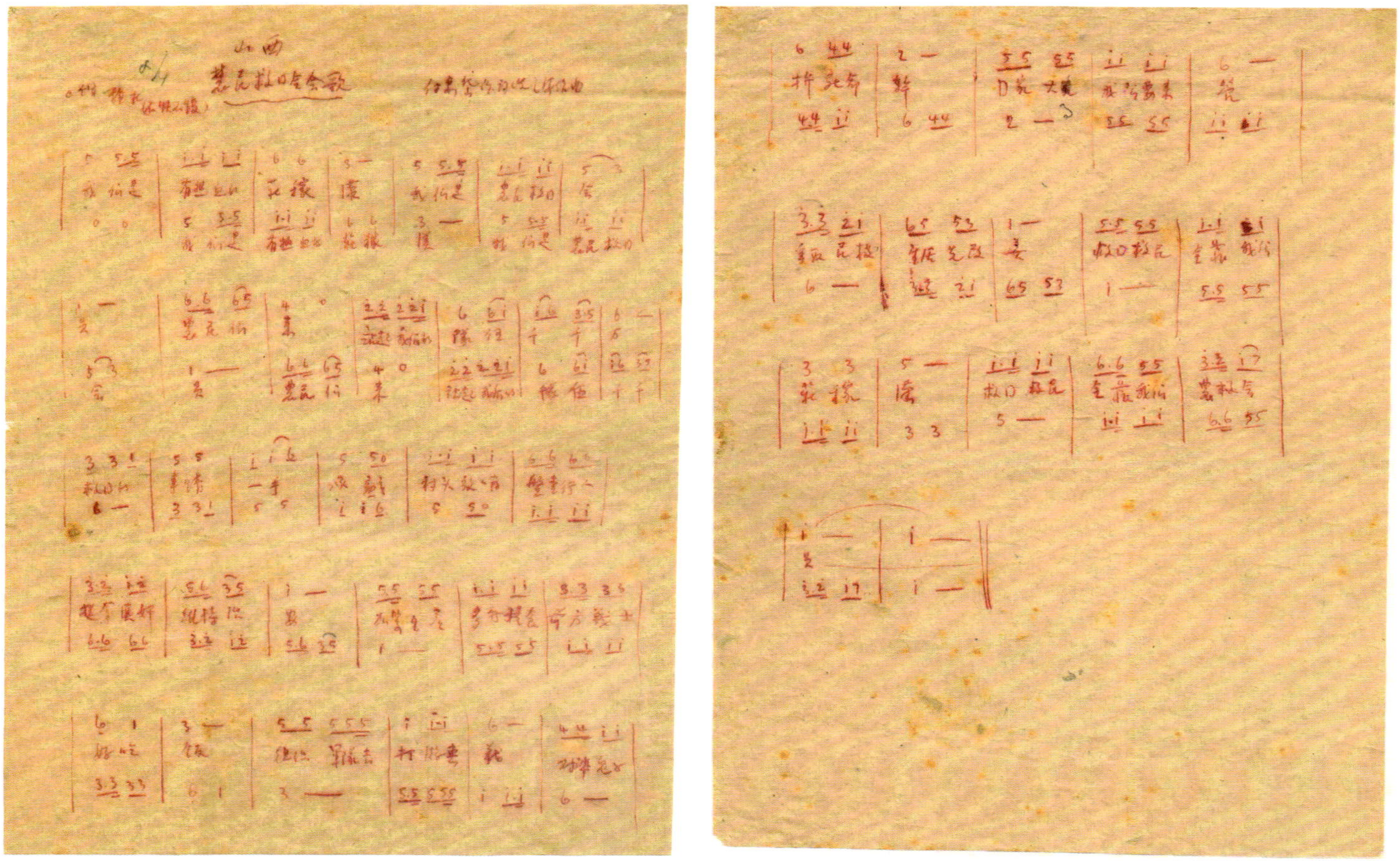

《山西农民救国会会歌》

傅东岱词、冼星海曲

27.8cm × 22.3cm

手稿

20 世纪三四十年代

中国艺术研究院艺术与文献馆藏

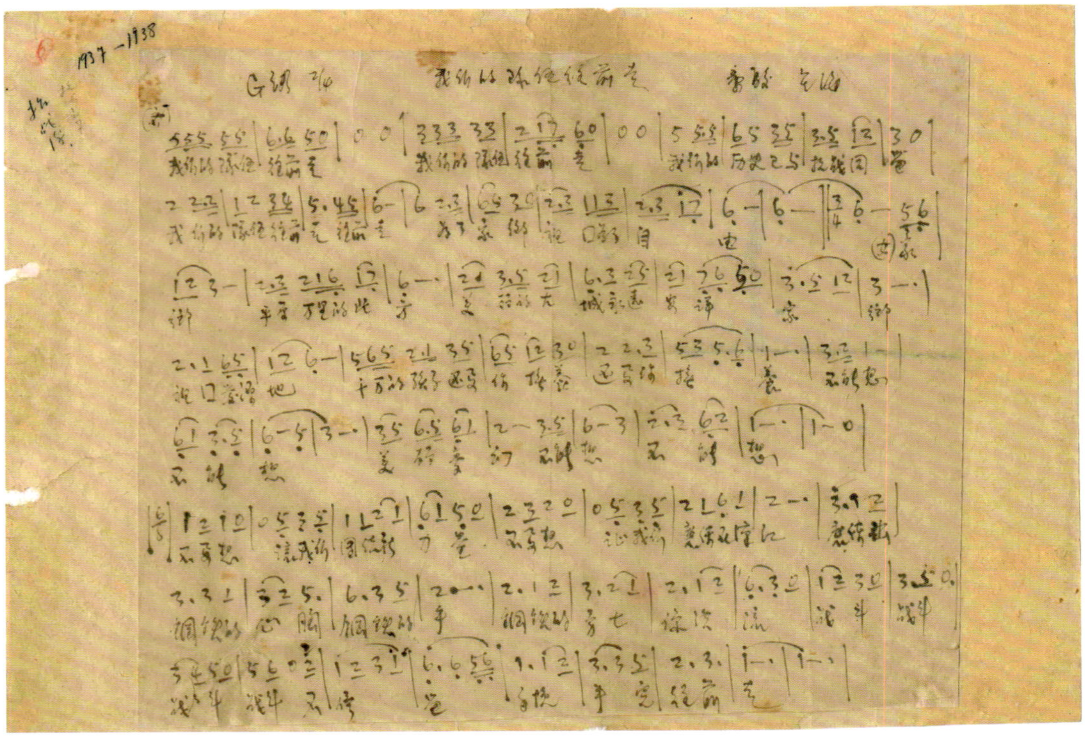

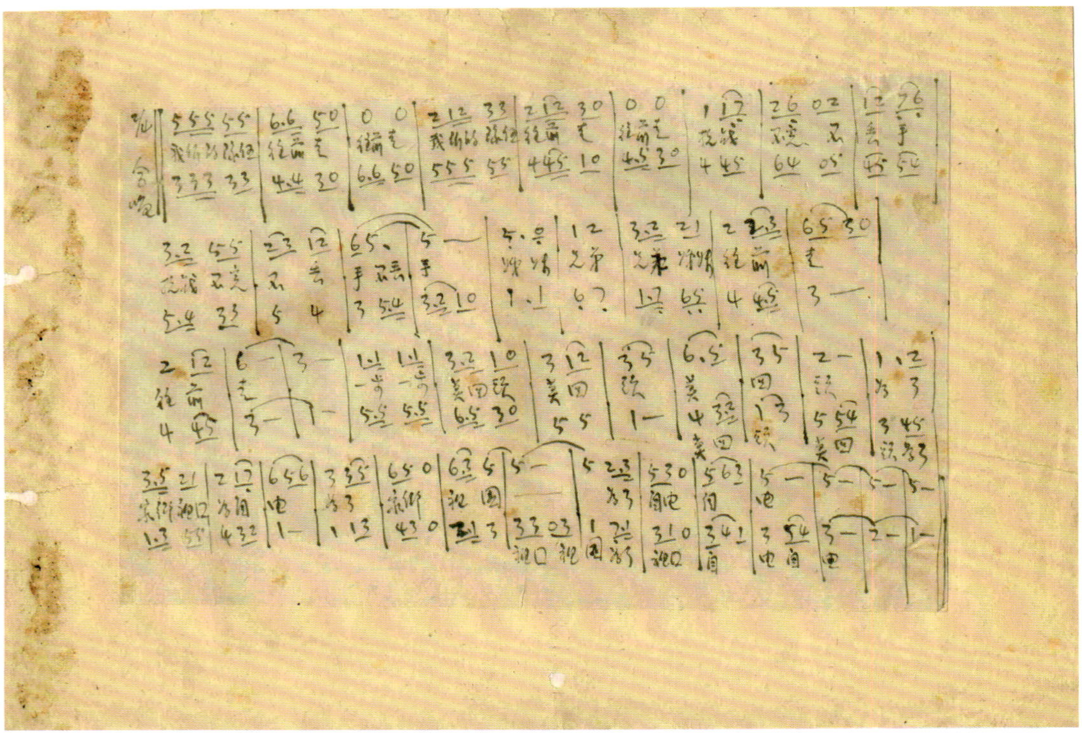

《我们的队伍往前走》

廉骏词、冼星海曲

24.3cm × 28.7cm

手稿

1938 年

中国艺术研究院艺术与文献馆藏

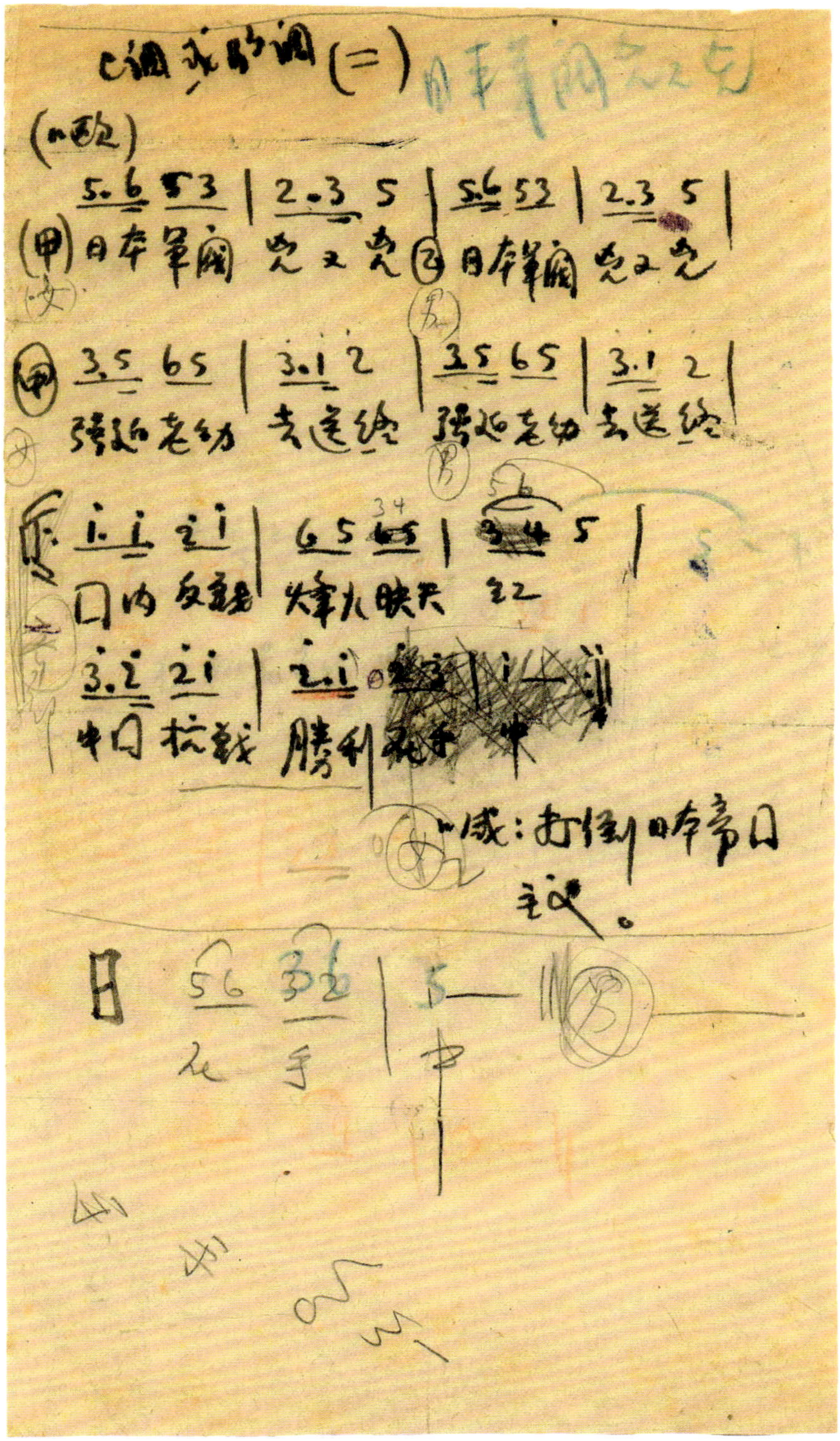

《日本军阀凶又凶》

冼星海
24.6cm × 14.2cm
手稿
20 世纪三四十年代
中国艺术研究院艺术与文献馆藏

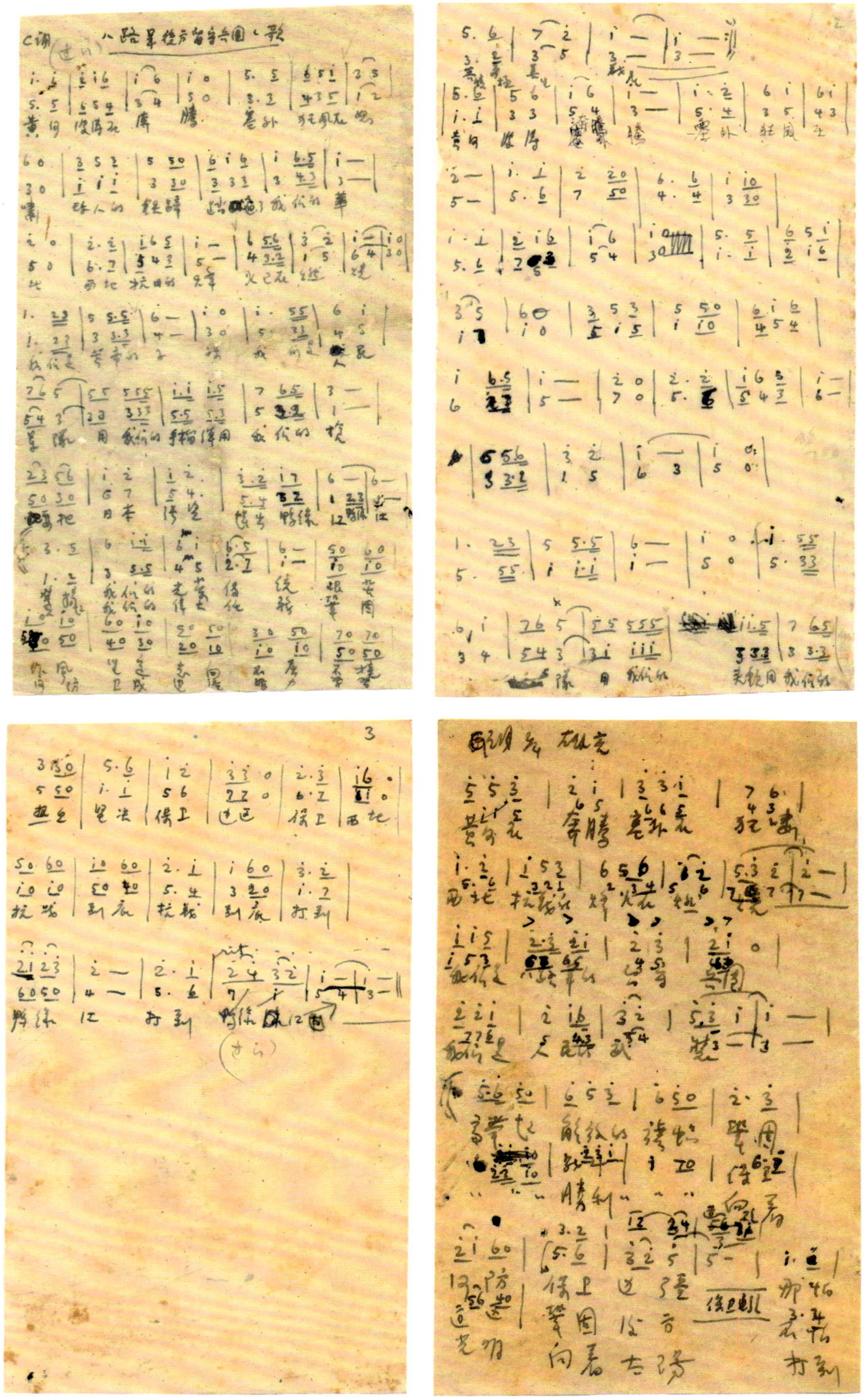

《八路军后方留守兵团团歌》

李兆炳词、冼星海曲

27cm × 14.5cm

手稿

1939 年

中国艺术研究院艺术与文献馆藏

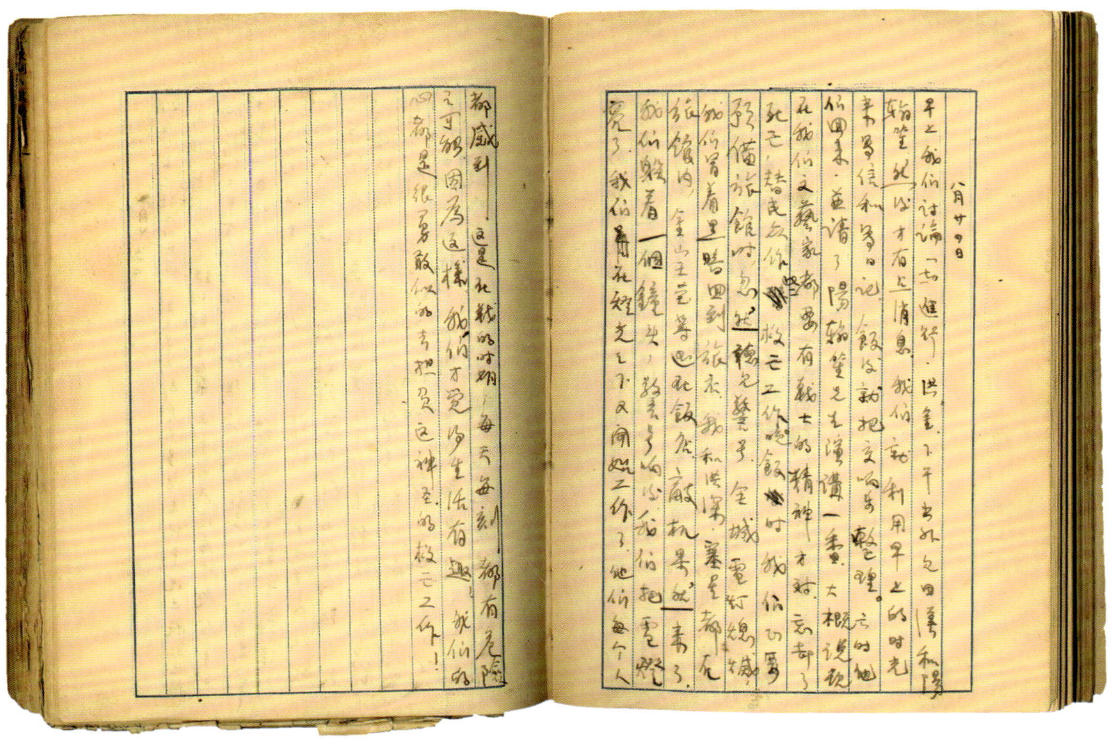

《星海日记》

冼星海

上：19.3cm × 13.4cm

下：17.5cm × 11.5cm

手稿

1937—1940 年

中国艺术研究院艺术与文献馆藏

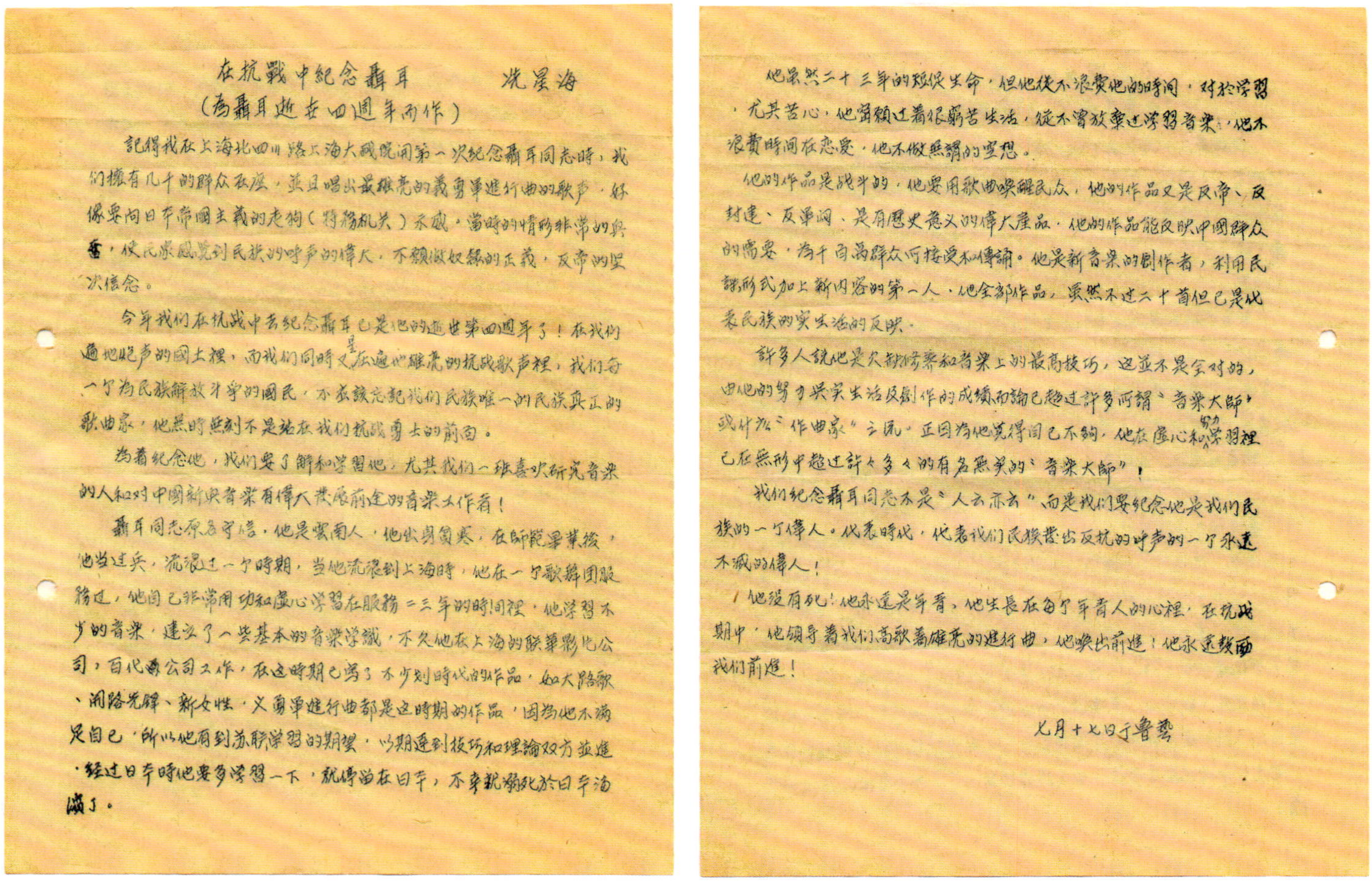

在抗戰中紀念聶耳　冼星海

（為聶耳逝世四週年而作）

記得我在上海北四川路上海大戲院開第一次紀念聶耳同志時，我們擁有几千的群众在座，並且唱出最雄亮的義勇軍進行曲的歌声，好像要向日本帝國主義的走狗（特務机关）示威。當時的情形非常的興奮，使民眾感覺到民族的呼声的偉大，不願做奴隸的正義，反帝的堅決信念。

今年我們在抗战中去紀念聶耳已是他的逝世第四週年了！在我們遍地炮声的國土裡，而我們同時又是在遍地雄亮的抗战歌声裡，我們每一个為民族解放斗爭的國民，不應該忘記我們民族唯一的民族真正的歌曲家，他無時無刻不是站在我們抗战勇士的前面。

為着紀念他，我們要了解和学習他，尤其我們一班喜欢研究音乐的人和对中國新興音乐有偉大發展前途的音乐工作者！

聶耳同志原名守信，他是雲南人，他出身貧寒，在師範畢業後，他当过兵，流浪过一个時期，当他流浪到上海時，他在一个歌舞團服務过，他自己非常用功和虛心学習在服務二三年的時間裡，他学習不少的音乐，建立了一些基本的音樂学識，不久他在上海的聯華影片公司，百代[illegible]公司工作，在这時期已寫了不少划時代的作品，如大路歌、開路先鋒、新女性，义勇軍進行曲都是这時期的作品，因為他不滿足自己，所以他有到苏联学習的期望，以期達到技巧和理論双方並進，經过日本時他要多学習一下，就停留在日本，不幸就溺死於日本海濱了。

他虽然二十三年的短促生命，但他从不浪費他的時間，对於学習，尤其苦心，他寧願过着很窮苦生活，從不曾放棄过学習音乐，他不浪費時間在恋爱，他不做無謂的空想。

他的作品是战斗的，他要用歌曲喚醒民众，他的作品又是反帝、反封建、反軍閥、是有歷史意义的偉大產品，他的作品能反映中國群众的需要，為千百萬群众所接受和傳誦。他是新音乐的創作者，利用民謠形式加上新内容的第一人，他全部作品，虽然不过二十首但已是代表民族的实生活的反映。

許多人說他是欠缺修養和音乐上的最高技巧，这並不是全对的，由他的努力與实生活及創作的成績而論已超过許多所謂"音乐大師"或什么"作曲家"之流。正因為他覺得自己不夠，他在虛心和努力学習裡已在無形中超过許々多々的有名無实的"音乐大師"！

我們紀念聶耳同志不是"人云亦云"，而是我們要紀念他是我們民族的一个偉人。代表時代，代表我們民族發出反抗的呼声的一个永遠不滅的偉人！

他沒有死！他永遠是年青，他生長在每个年青人的心裡，在抗战期中，他領导着我們高歌着雄亮的進行曲，他喚出前進！他永遠鼓勵我們前進！

七月十七日于魯艺

《在抗战中纪念聂耳》（为聂耳逝世四周年而作）

冼星海

35cm × 25.7cm

手稿

1939 年

中国艺术研究院艺术与文献馆藏

冼星海用过的小提琴

琴体通长：60cm　前宽：6.5cm　中腰：11.5cm
后宽：20.5cm　厚：3.5cm　腮托：9.5cm × 6cm
琴弓通长：74cm　弓弦长：65.5cm
年代不详
中国艺术研究院艺术与文献馆藏

冼星海用过的钢琴

通长：148cm　通高：128cm　厚：70cm

20 世纪 40 年代

中国艺术研究院艺术与文献馆藏

冼星海的演出服（短上衣）（复制品）

衣长（前）：50cm　衣长（后）：45cm
袖长：58cm　胸围：80cm　腰围：72cm
领口：13cm　袖口：14.5cm
年代不详
中国艺术研究院艺术与文献馆藏

冼星海的钢笔

笔长（含笔帽）：11.5cm
笔帽直径：1.7cm
笔身直径：1.4cm
年代不详
中国艺术研究院艺术与文献馆藏

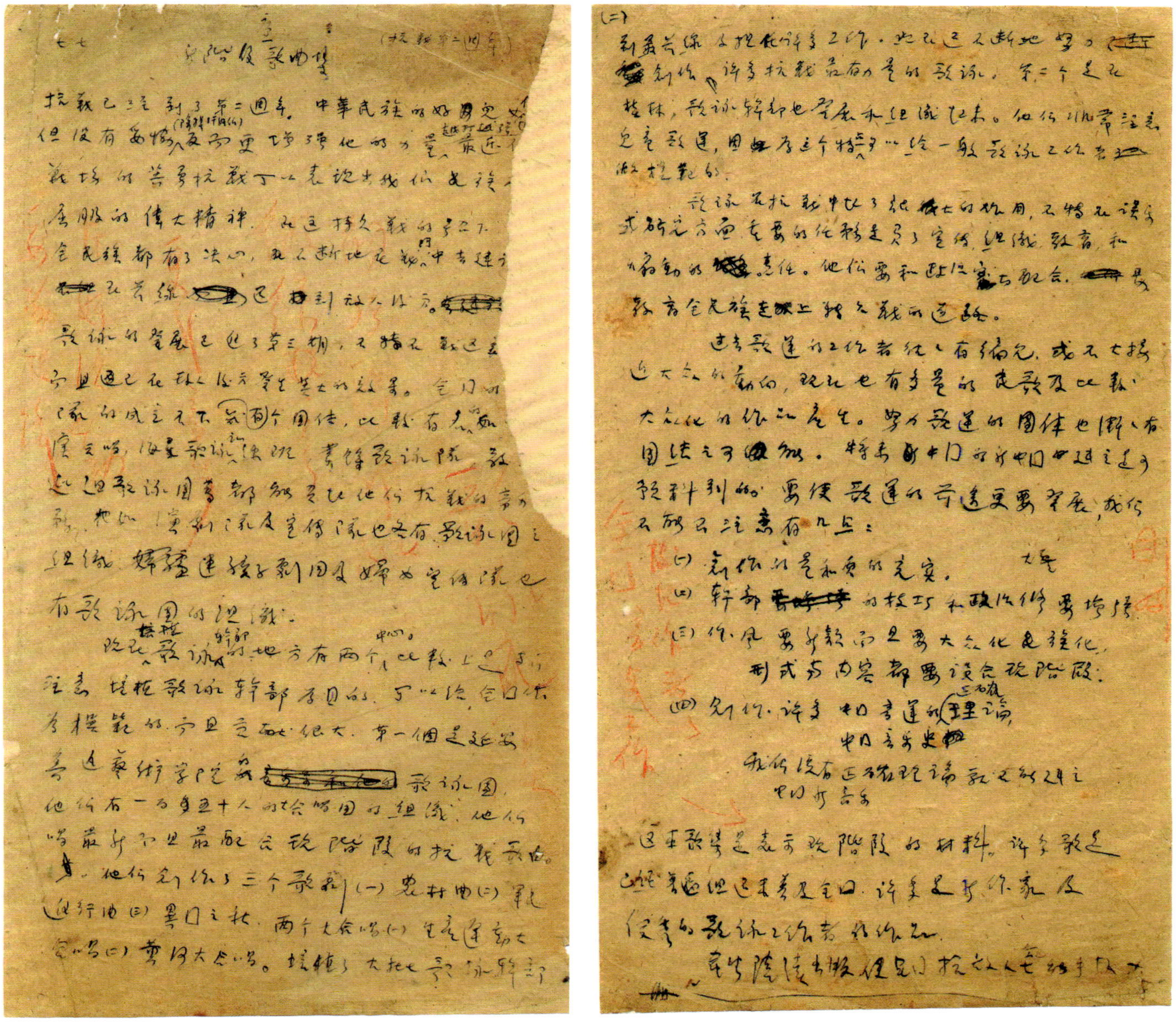

《新阶段歌曲集序》

冼星海

28cm × 16.3cm

手稿

1939 年

中国艺术研究院艺术与文献馆藏

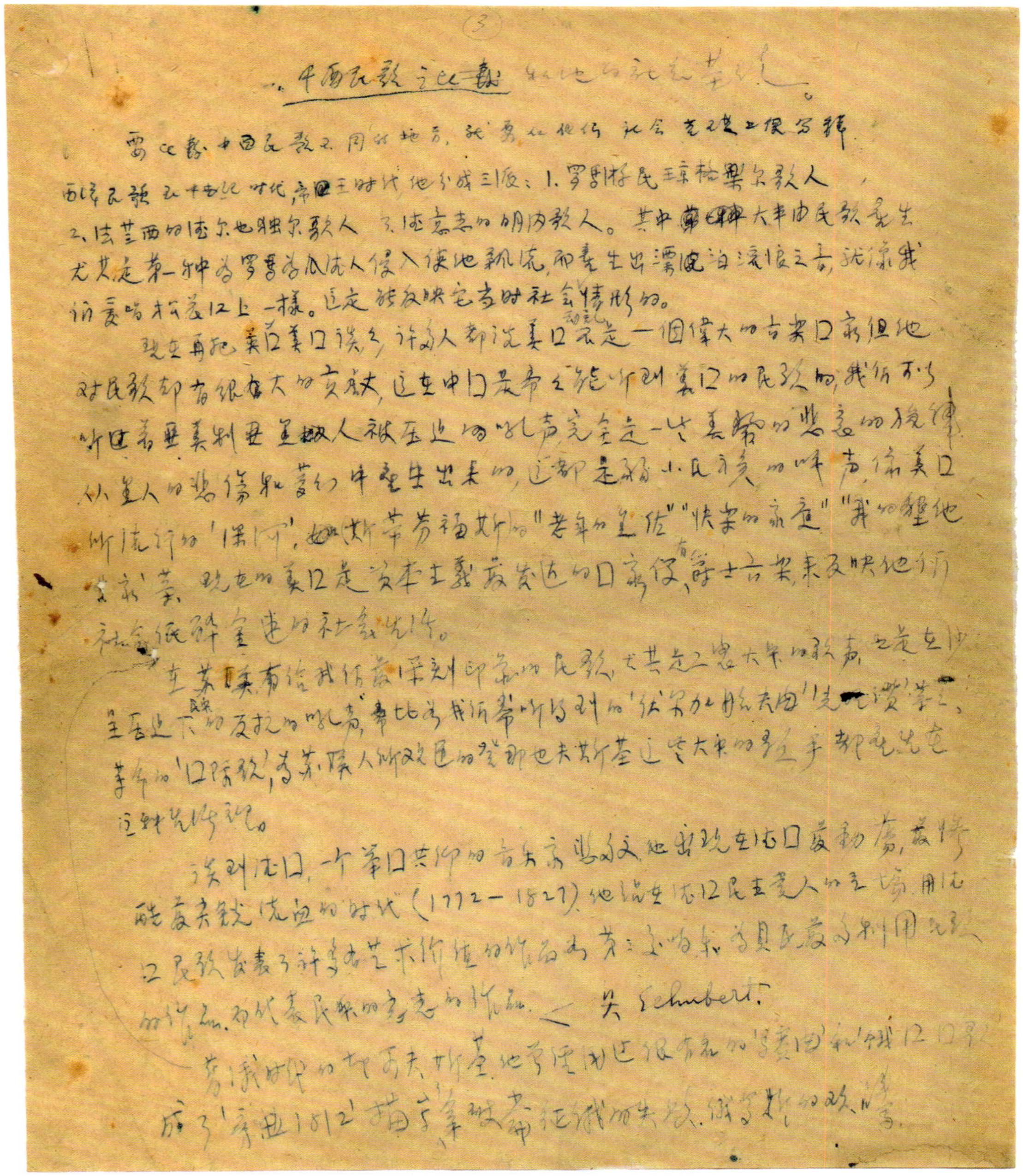

一、中西民歌之比较

《中西民歌之比较》

冼星海

31.5cm × 27cm

手稿

20 世纪三四十年代

中国艺术研究院艺术与文献馆藏

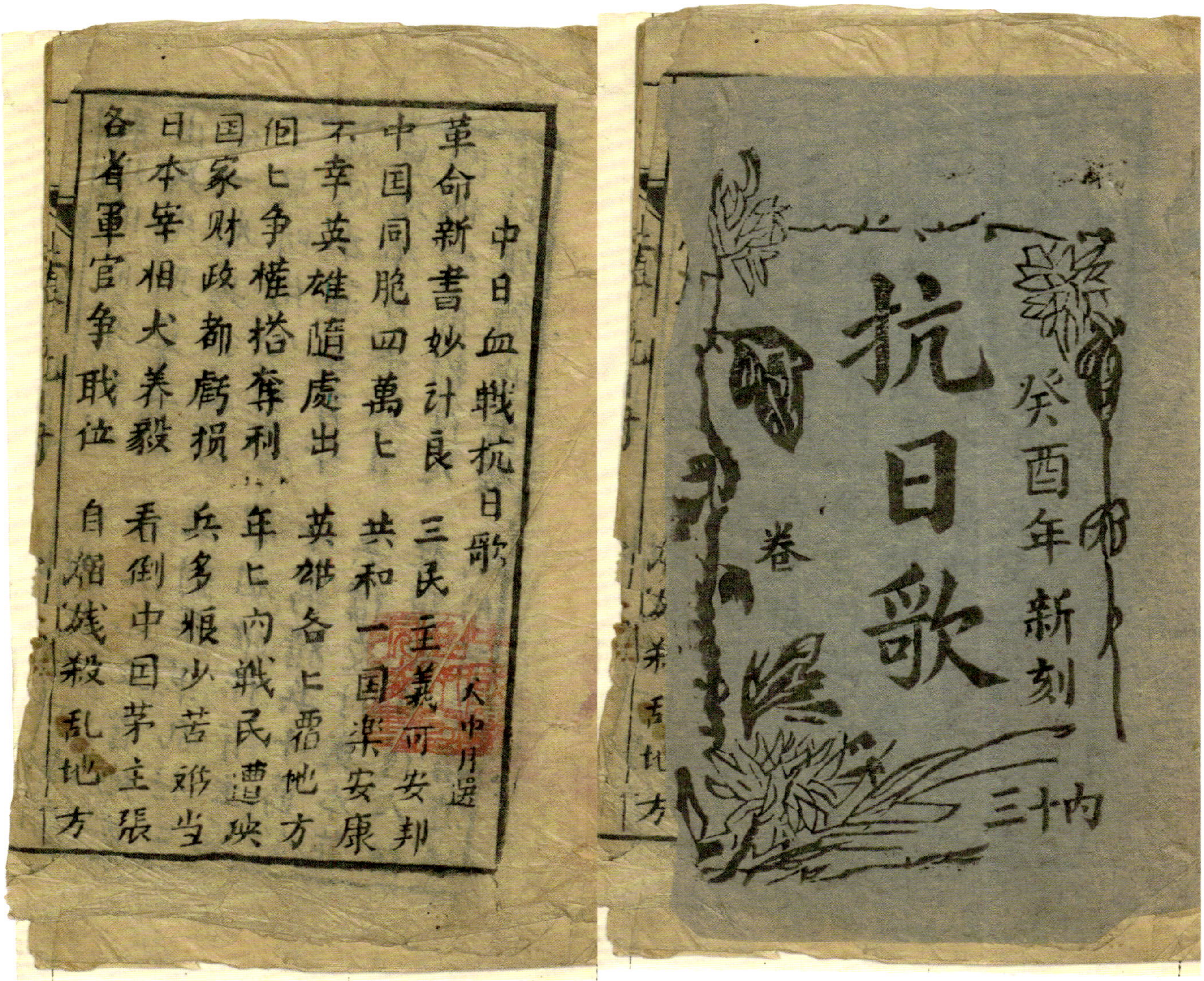

《中日血战抗日歌》

作者不详

11.7cm × 7.3cm

刻本

1933 年

中国艺术研究院艺术与文献馆藏

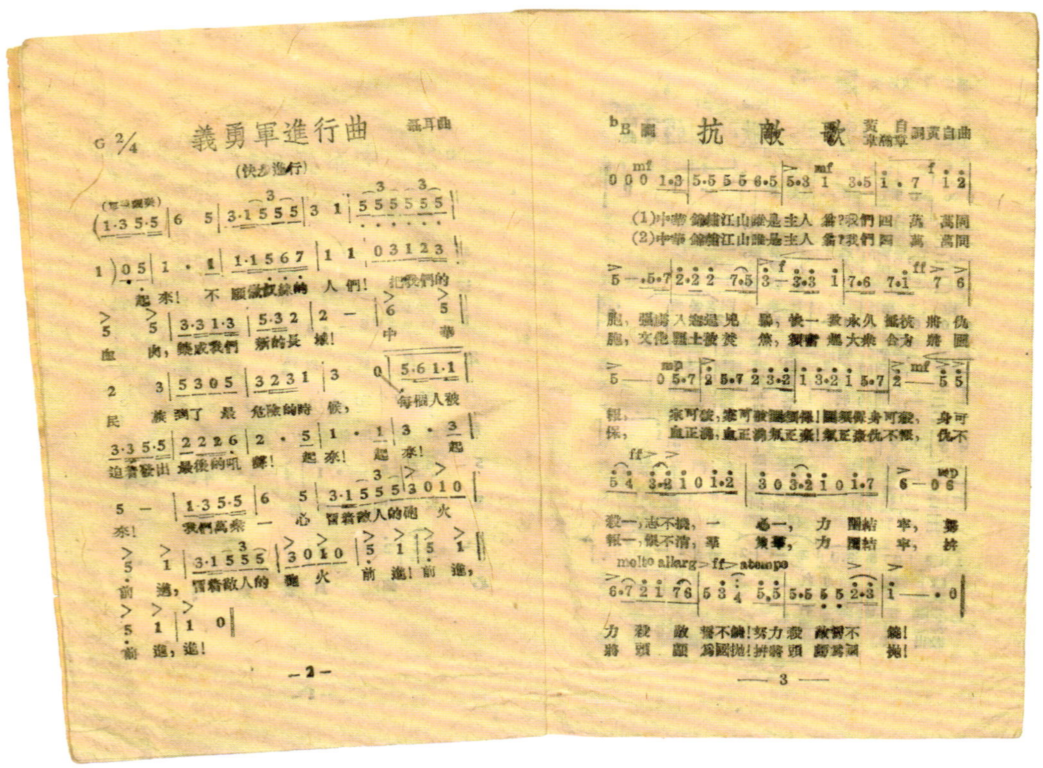

《抗敌歌集》

聂耳、黄自等词曲，军事委员会政治部印

17.7cm × 13cm

铅印本

1939 年

中国艺术研究院艺术与文献馆藏

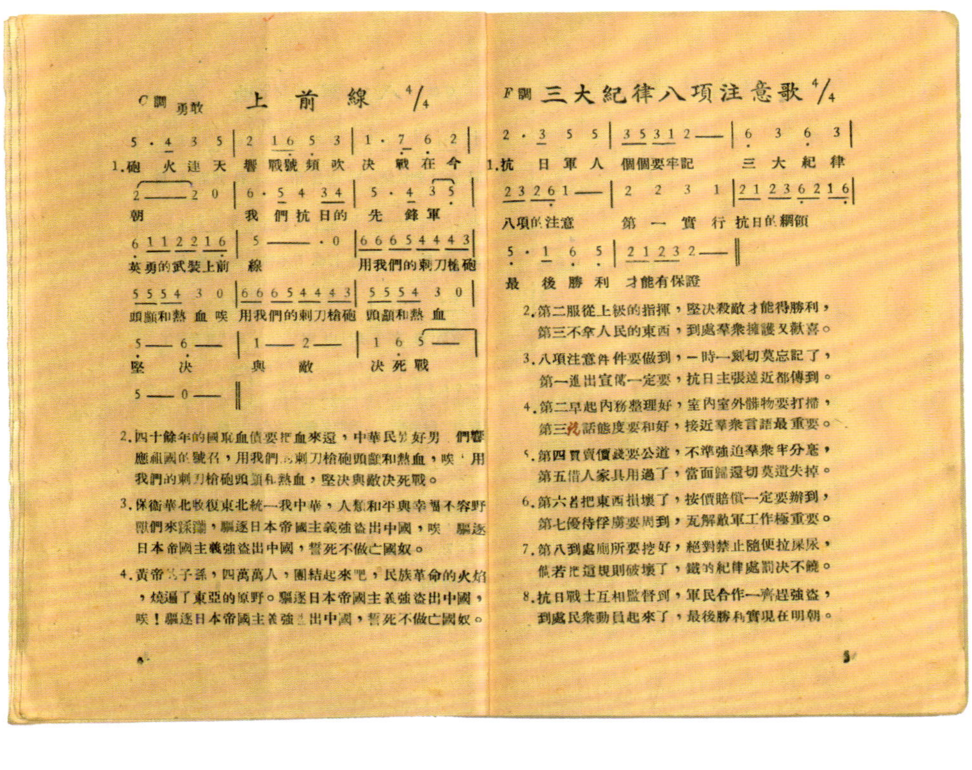

《战士歌曲集》第一集

吕骥等词曲，国民革命军第十八集团军（八路军）政治部编

八路军军政杂志社出版

18.2cm × 13.4cm

铅印本

1939 年

中国艺术研究院艺术与文献馆藏

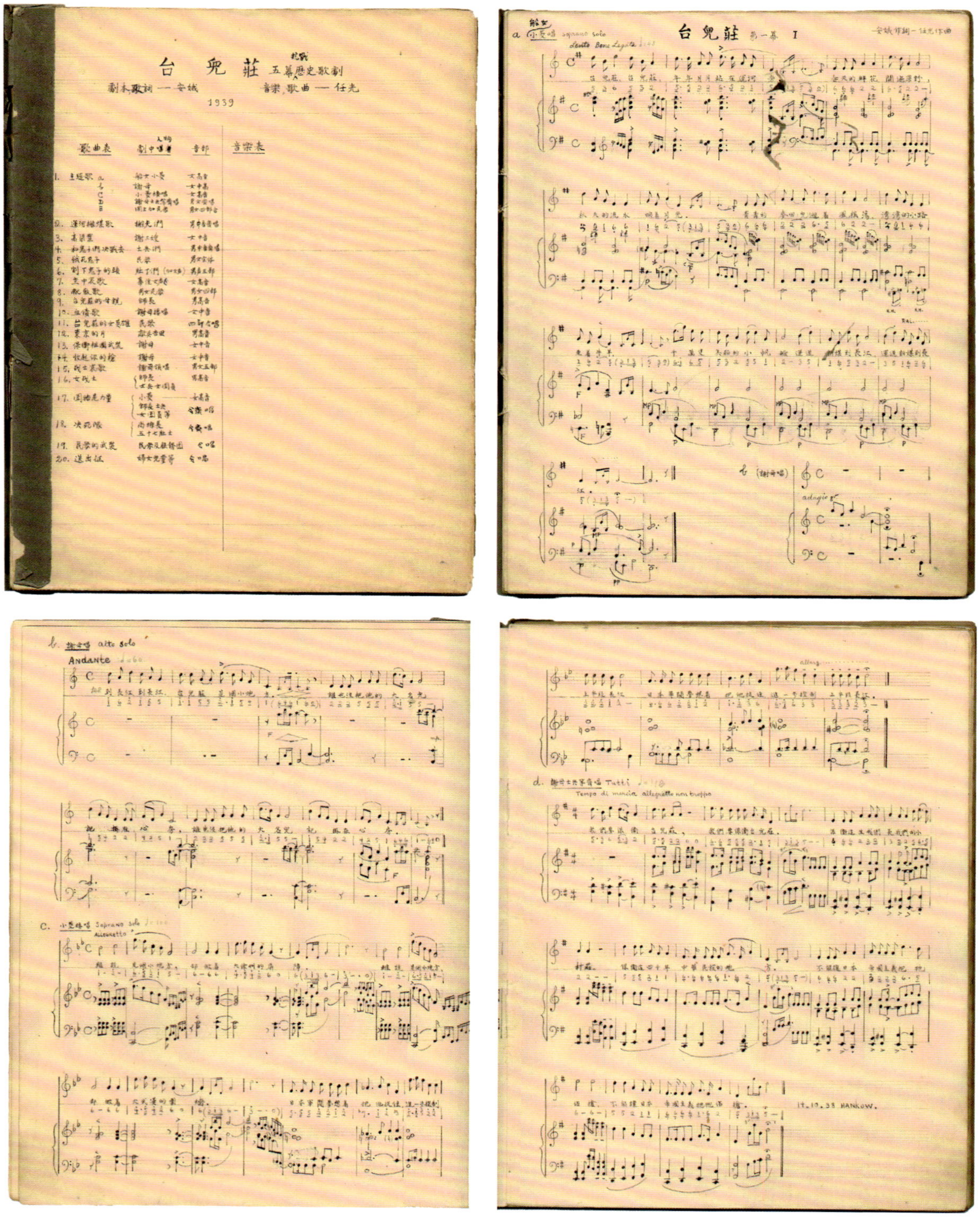

《台儿庄》（五幕抗战历史歌剧）

安娥词、任光曲

35cm × 27cm

手稿

1939 年

中国艺术研究院艺术与文献馆藏

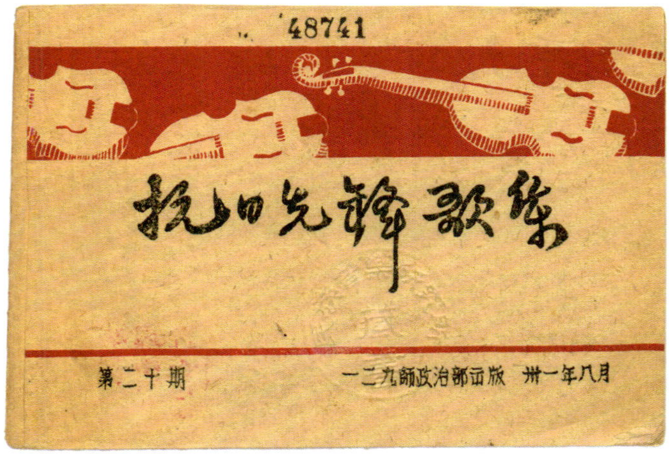

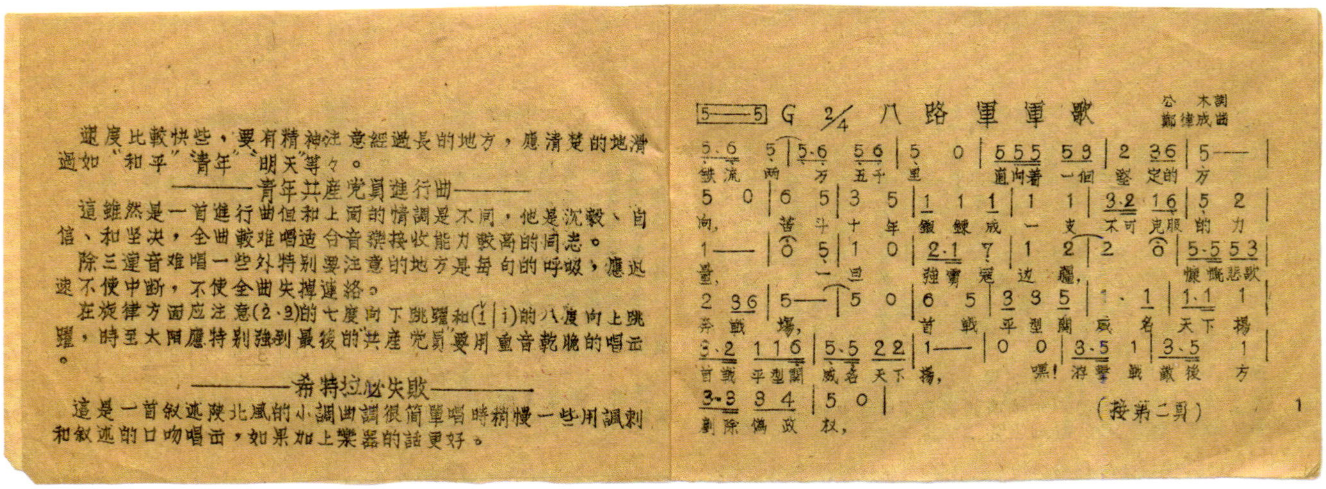

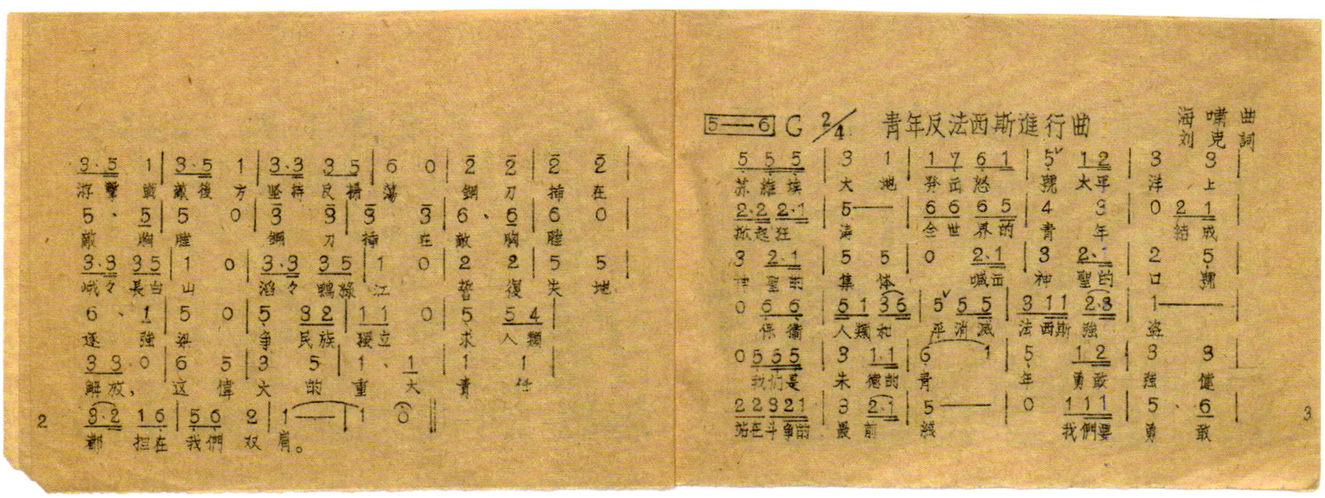

《抗日先锋歌集》（第二十期）

郑律成等词曲，一二九师政治部出版

9.5cm × 13.6cm

铅印本

1942 年

中国艺术研究院艺术与文献馆藏

中国民歌研究会锦旗

79cm × 58cm

1944 年

中国艺术研究院艺术与文献馆藏

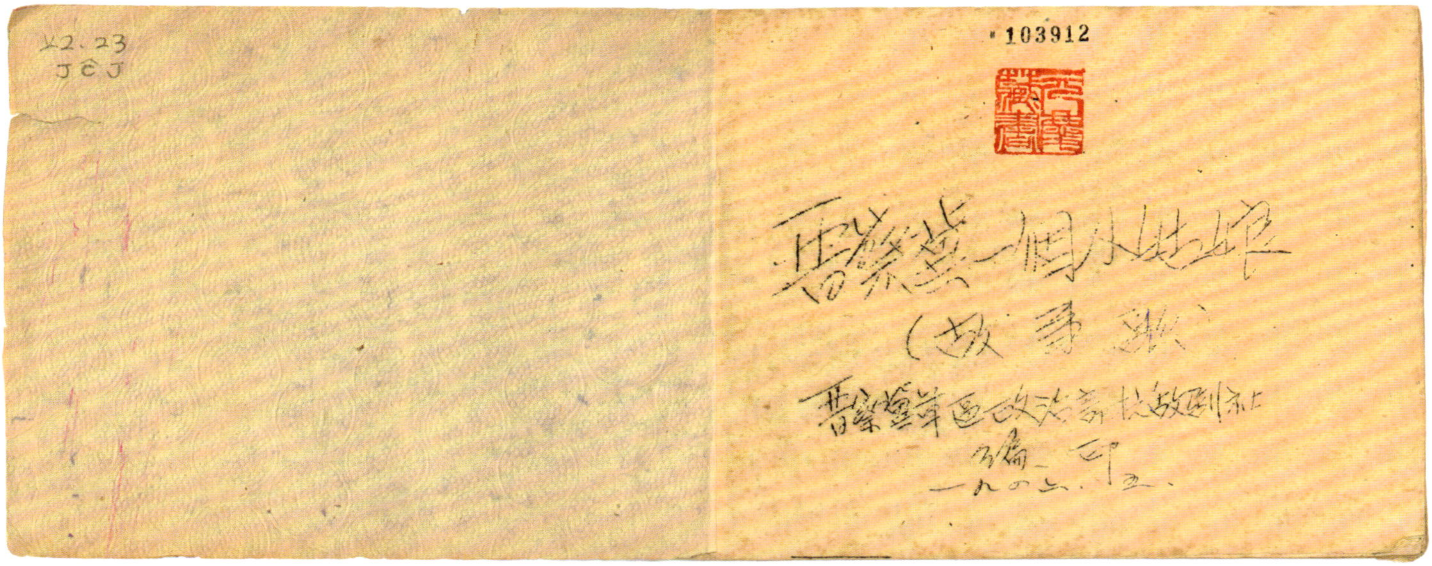

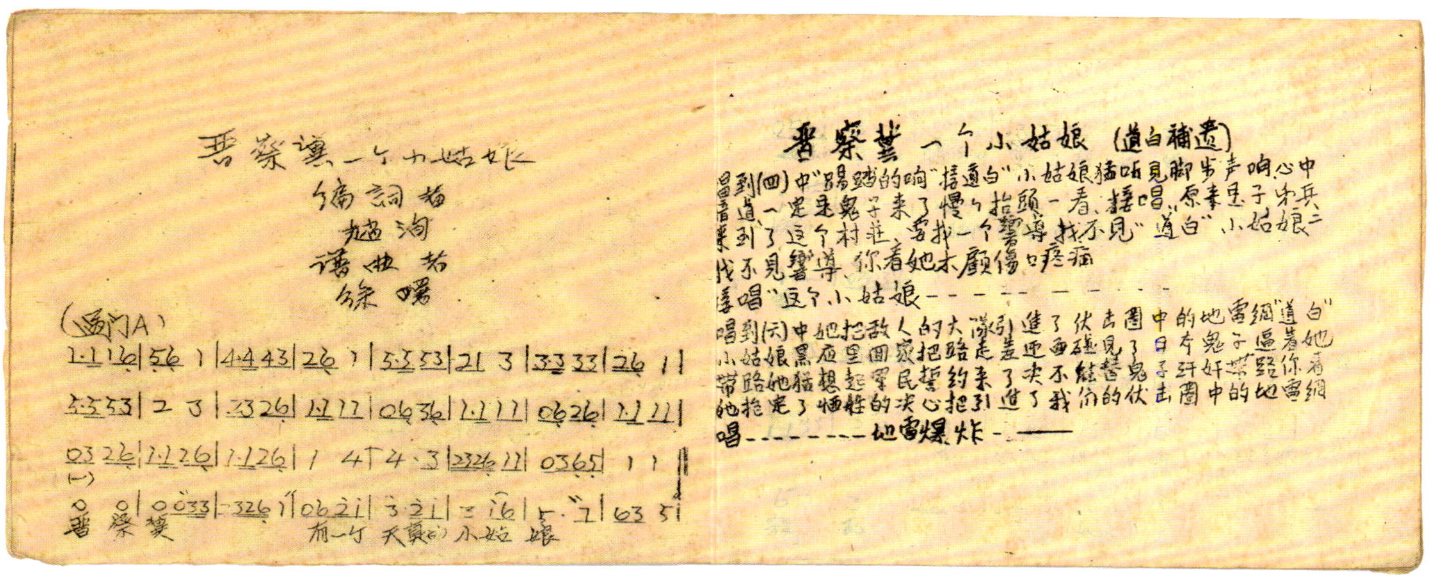

《晋察冀一个小姑娘》（故事歌）

赵洵词，徐曙曲，晋察冀军区政治部抗敌剧社编、印

13.3cm × 17.7cm

油印本

1946 年

中国艺术研究院艺术与文献馆藏

《渔光曲》唱片

安娥词，任光曲、演奏（钢琴），王人美演唱

直径：25cm

20 世纪三四十年代

中国艺术研究院艺术与文献馆藏

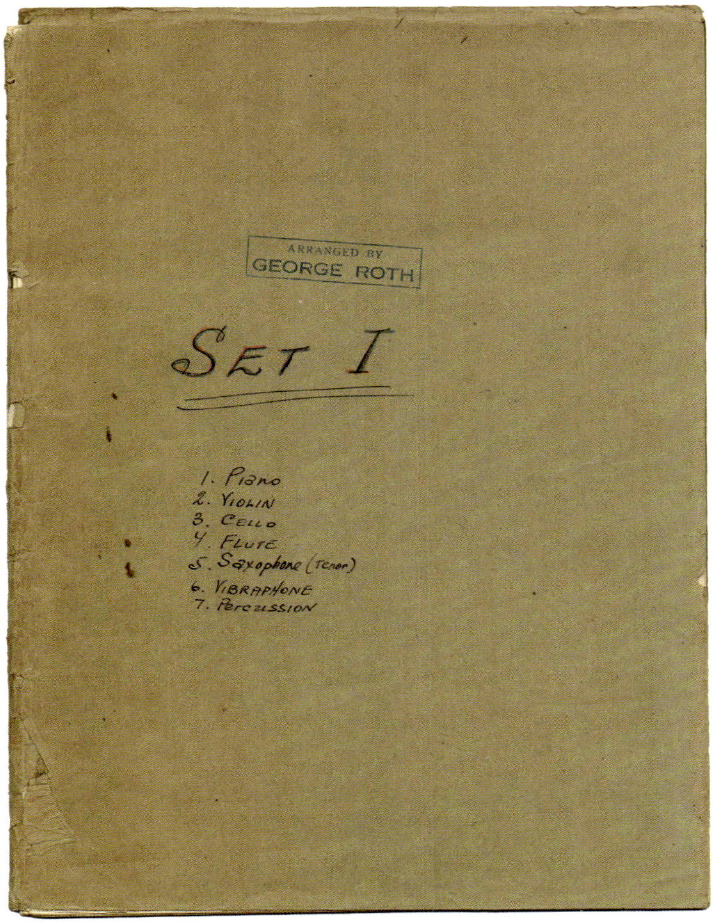

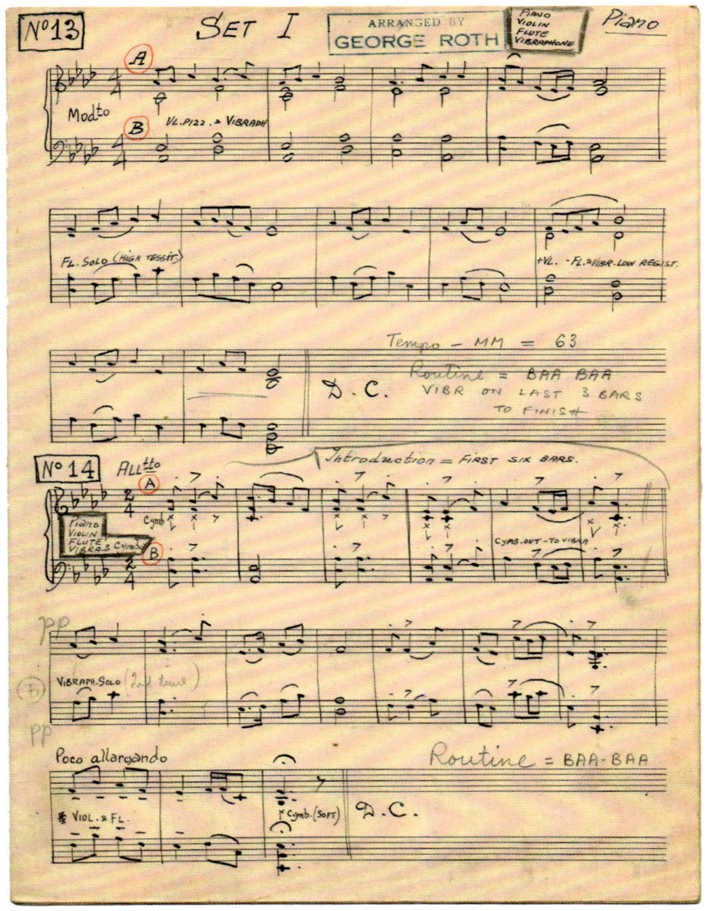

《抗战歌曲》（改编成钢琴总谱及管弦乐分谱）

任光

32cm × 24cm

手稿

20 世纪三四十年代

中国艺术研究院艺术与文献馆藏

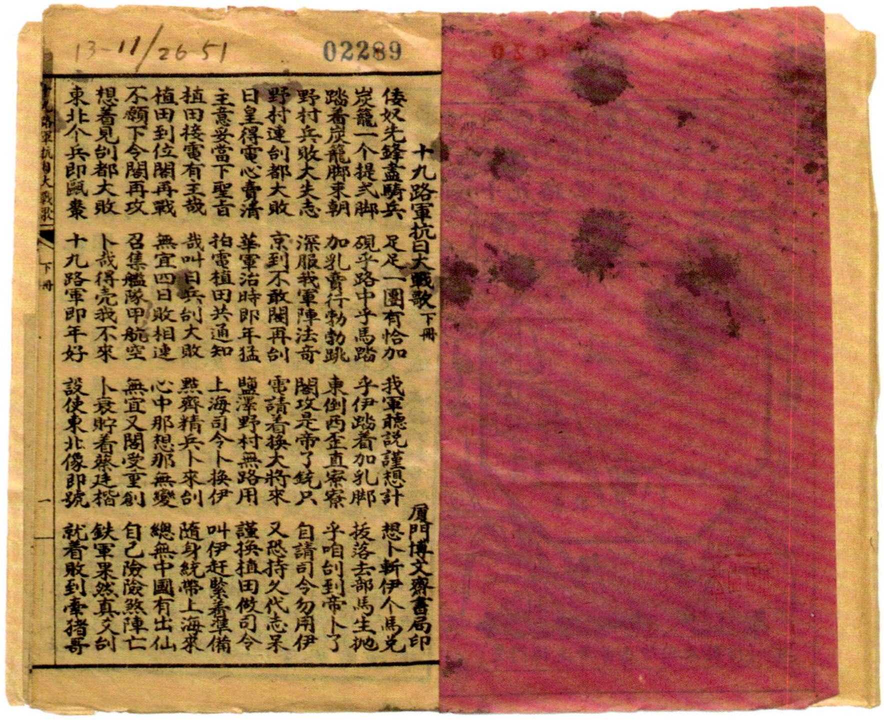

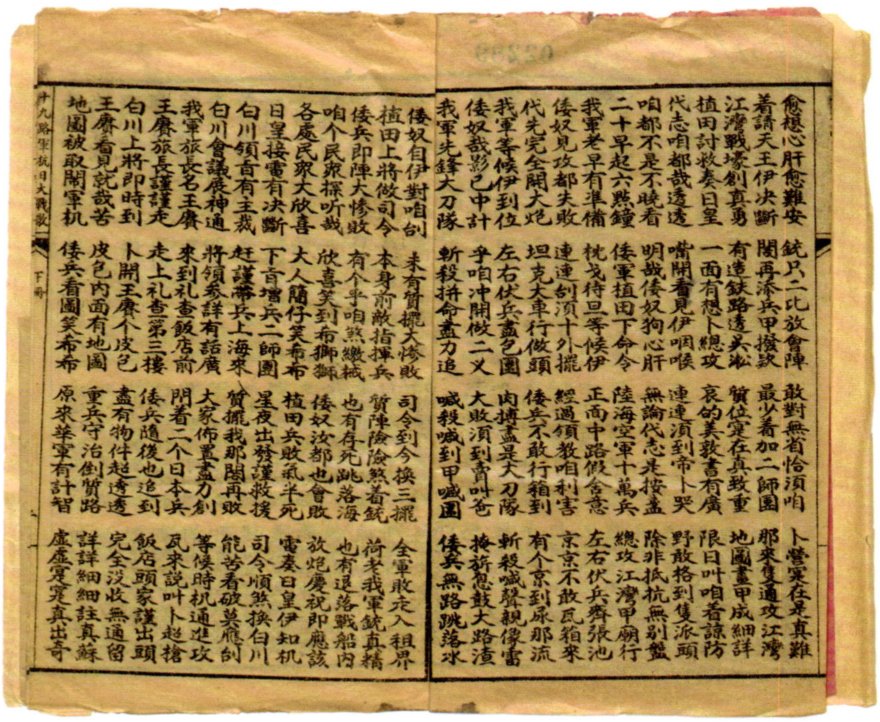

《十九路军抗日大战歌》（二卷）

厦门博文斋书局印刷兼发行

13.4cm × 9cm

石印本

20 世纪三四十年代

中国艺术研究院艺术与文献馆藏

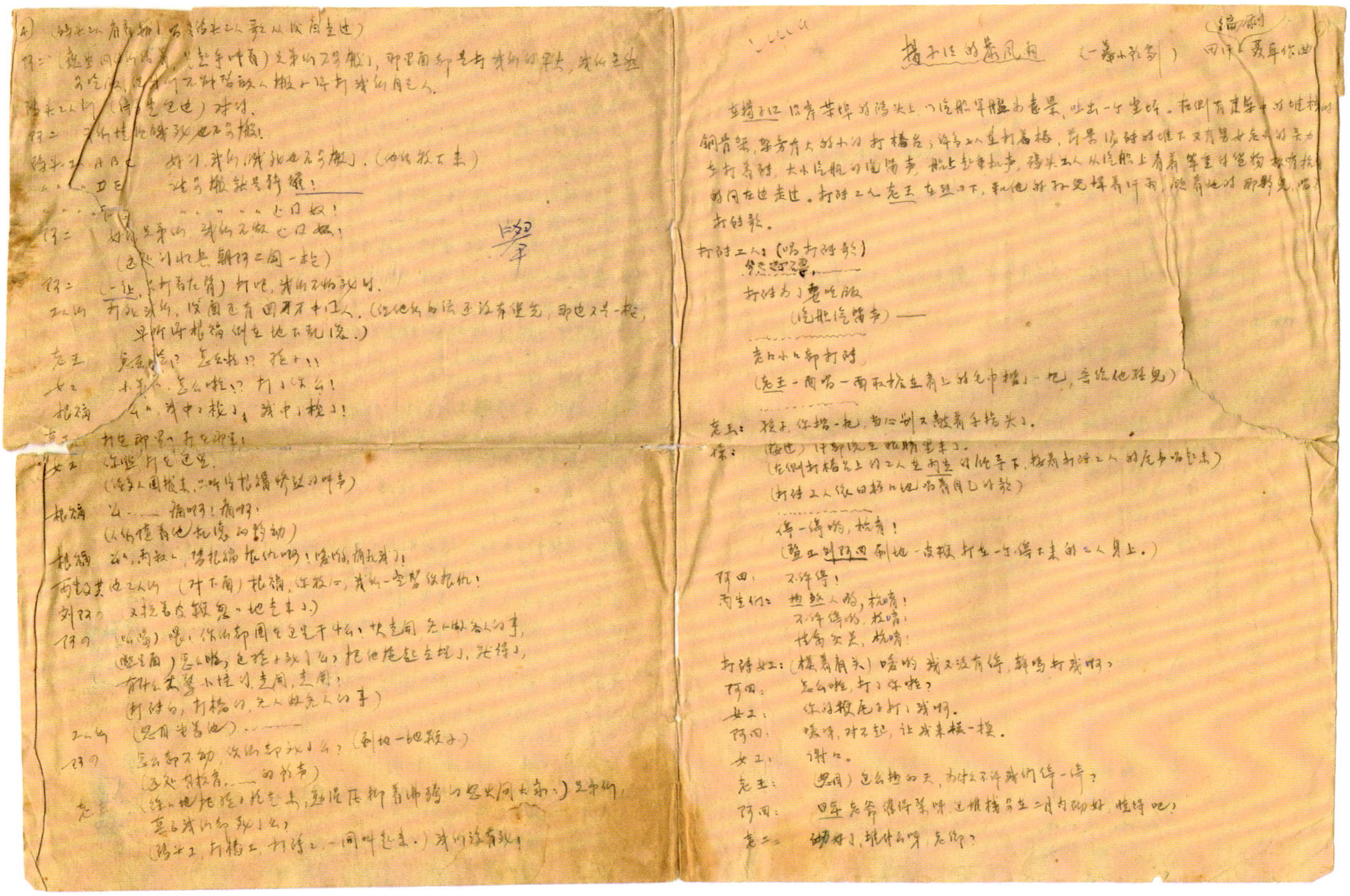

《扬子江的暴风雨》（一幕小歌剧）

田汉编剧，蒲风、田汉词，聂耳曲

26cm × 19cm

手稿

20 世纪三四十年代

中国艺术研究院艺术与文献馆藏

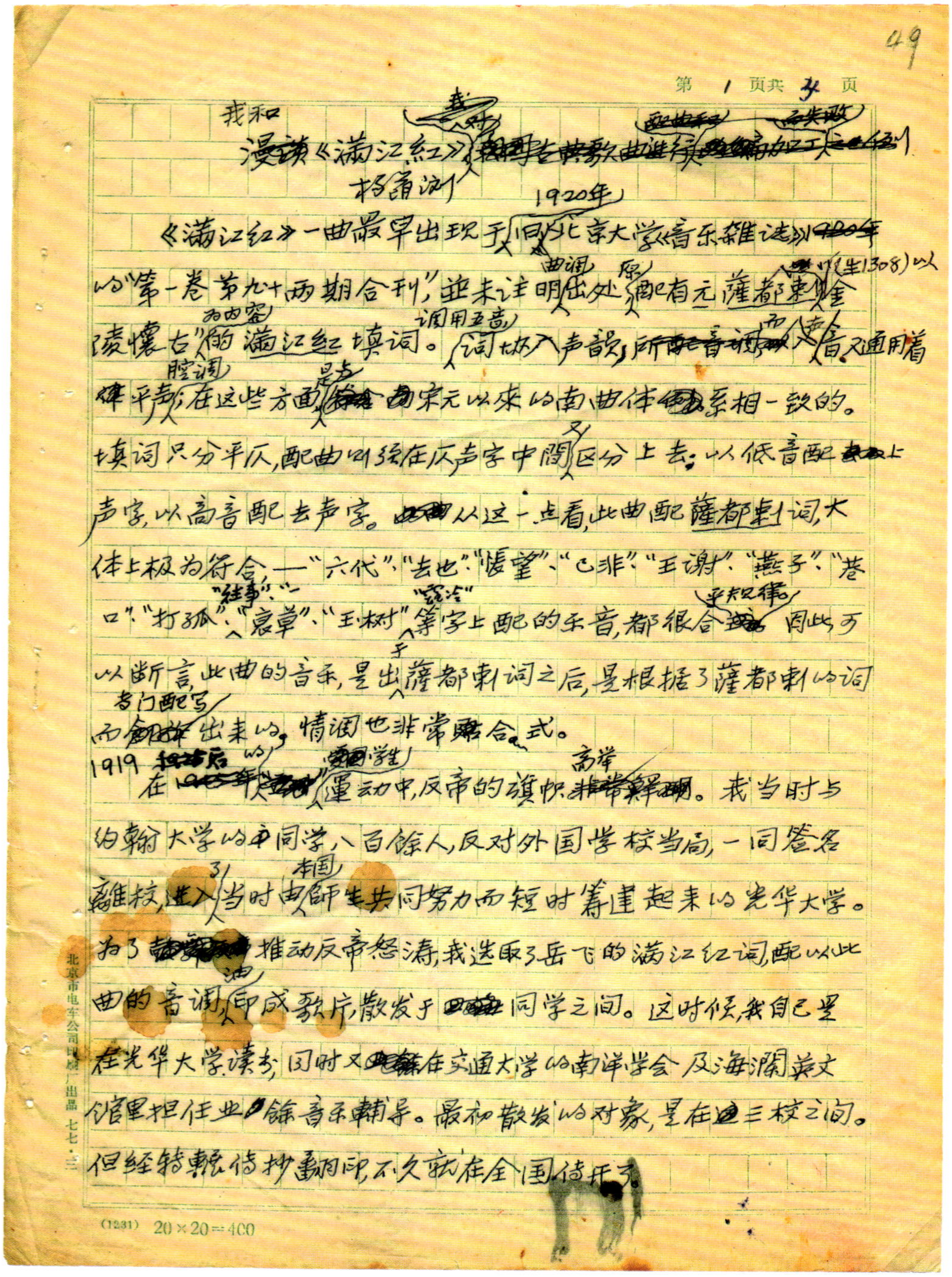

49

第 1 页共 34 页

我和《满江红》

杨荫浏

《满江红》一曲最早出现于1920年北京大学《音乐杂志》的第一卷第九十两期合刊，并未注明曲调出处，原配有元萨都剌（生1308）以金陵怀古为内容的满江红填词。词调用五音，词协入声韵，而入声字音又通用着腔词平声；在这些方面，是与宋元以来的南曲体系相一致的。填词只分平仄，配曲则须在仄声字中间又区分上去：以低音配上声字，以高音配去声字。从这一点看，此曲配萨都剌词，大体上极为符合，——"六代"、"去也"、"怅望"、"已非"、"王谢"、"燕子"、"巷口"、"打孤"、"往事"、"衰草"、"玉树"、"露冷"等字上配的乐音，都很合乎规律。因此可以断言此曲的音乐，是出于萨都剌词之后，是根据了萨都剌的词而专门配写出来的，情调也非常合式。

1919年在"五四"学生运动中，反帝的旗帜高举。我当时与约翰大学的同学八百余人，反对外国学校当局，一同签名离校，进入了当时由本国师生共同努力而短时筹建起来的光华大学。为了推动反帝怒涛，我选取了岳飞的满江红词，配以此曲的音调，油印成歌片，散发于同学之间。这时候，我自己是在光华大学读书，同时又在交通大学的南洋学会及海澜英文馆里担任业余音乐辅导。最初散发的对象，是在三校之间。但经辗转传抄翻印，不久就在全国传开了。

北京市电车公司印刷厂出品 七七·三

（1231） 20×20＝400

《我和〈满江红〉》

杨荫浏

28cm × 20.1cm

手稿

1979 年

中国艺术研究院艺术与文献馆藏

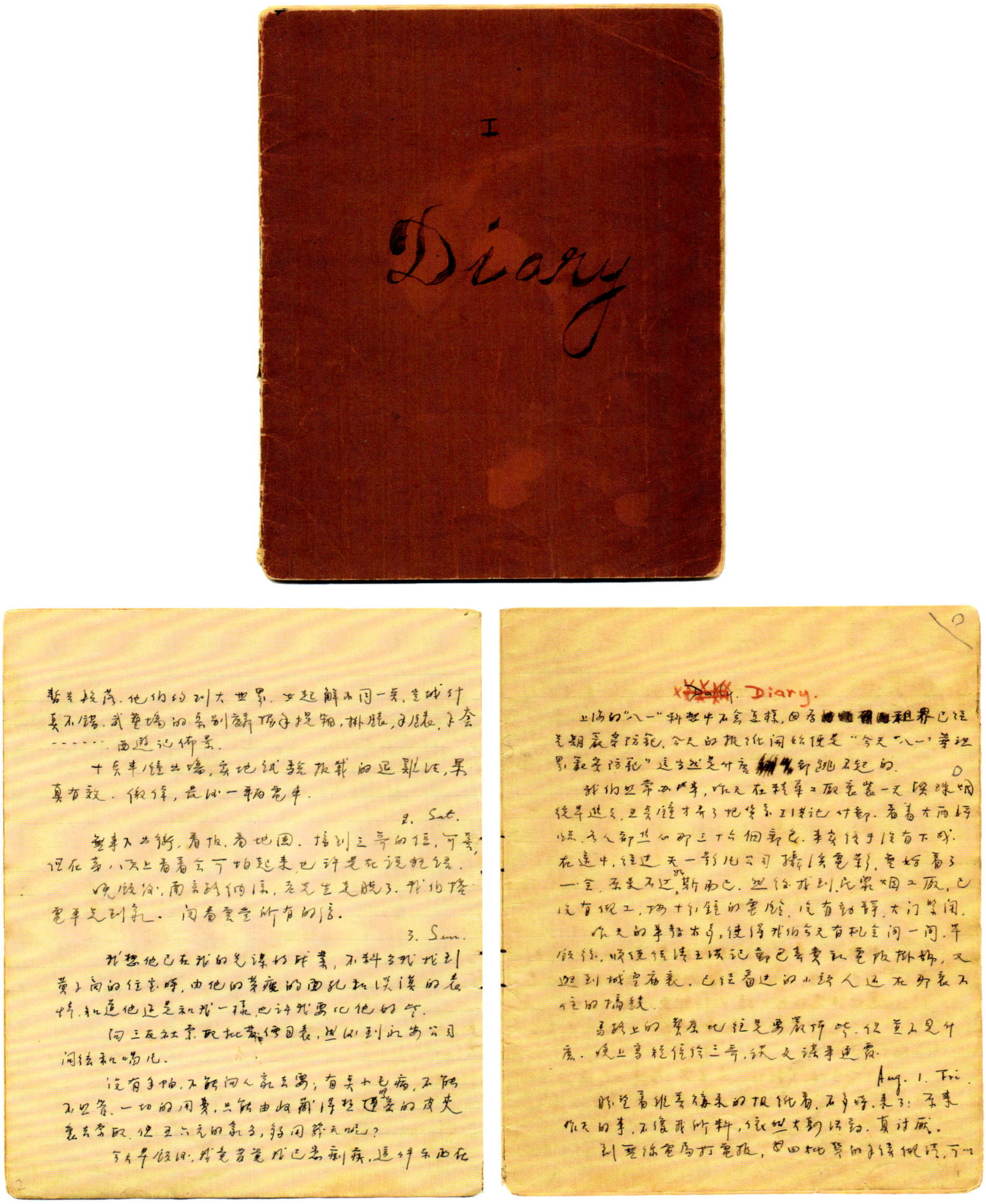

聂耳日记

聂耳

20.3cm × 16cm

手稿

1930—1931 年

中国艺术研究院艺术与文献馆藏

《秋子》伴奏谱

黄源洛作曲

28.4cm × 21.8cm

手稿

年代不详

中国艺术研究院艺术与文献馆藏

Allegro Moderato
No 1
(No 2) 秋独唱，衆和，灯光熄止

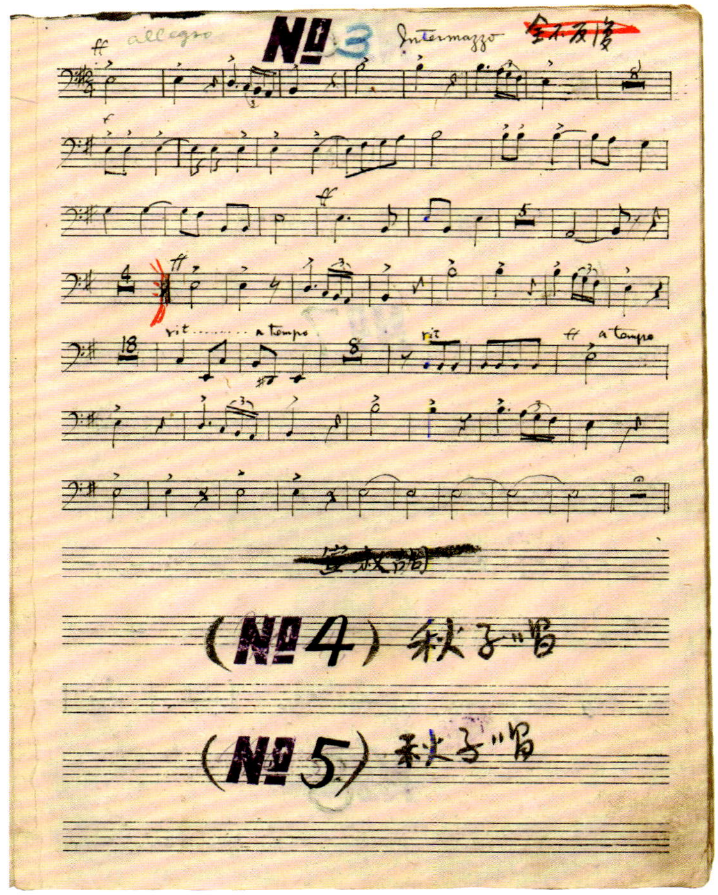
allegro
No 3 Intermezzo
rit .... a tempo
(No 4) 秋子唱
(No 5) 秋子唱

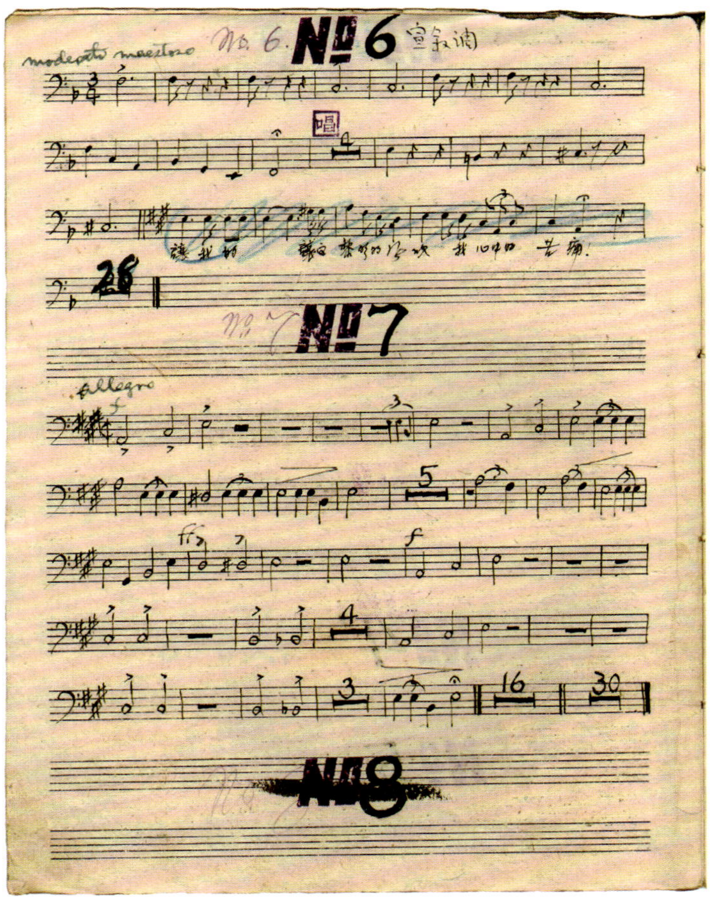
moderato maestoso
No. 6. No 6 宣叙调
No 7
Allegro
~~No 8~~

二、兰台唱金戈

抗日战争早期，梅兰芳带领戏班赈灾义演，上演两出古装新戏《抗金兵》《生死恨》。随着抗日战争的全面爆发，梅兰芳蓄须明志，暂别演出舞台，拒绝为沦陷区的统治者表演，直至1945年抗战胜利，才重新登台。梅兰芳的社会人格与艺术风格深受中国传统文化的影响，他肩负着历史使命感，对艺术充满崇敬。戏曲于梅兰芳而言，不仅是谋生的手段，更是关涉他精神归宿的信仰。本章以梅兰芳的“蓄须明志”照片拉开帷幕，展示了梅兰芳初校的《抗金兵》整理本、1935年胜利公司出品的《抗金兵》唱片，以及《生死恨》的提纲和剧本。

在“一·二八”淞沪抗战期间，戏剧艺术家们不仅为抗战筹集资金，还通过戏剧活动表达对抗日将士的支持。1932年2月29日第一舞台的戏单，就是慰劳抗日将士举办筹款义务夜戏的明证。在艰苦卓绝的抗战岁月里，戏剧艺术家们以舞台为后方阵地，用戏剧的力量激发民族精神，鼓舞民众斗志，为抗战胜利贡献了不可磨灭的力量。

梅兰芳“蓄须明志”的照片

10cm × 7cm
20 世纪三四十年代
中国艺术研究院艺术与文献馆藏

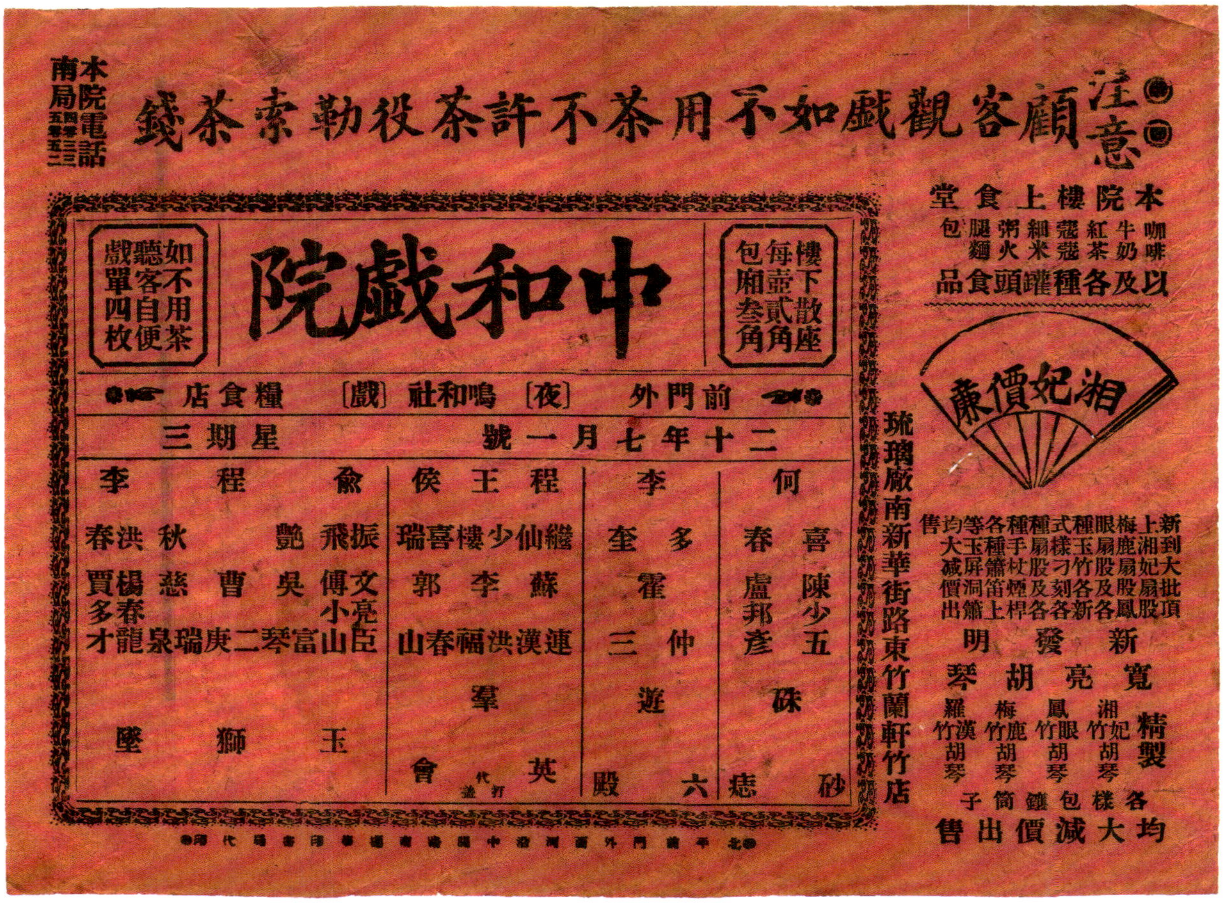

中和戏院一九三一年七月一日戏单

23.3cm × 30.7cm

纸本

1931 年

中国艺术研究院艺术与文献馆藏

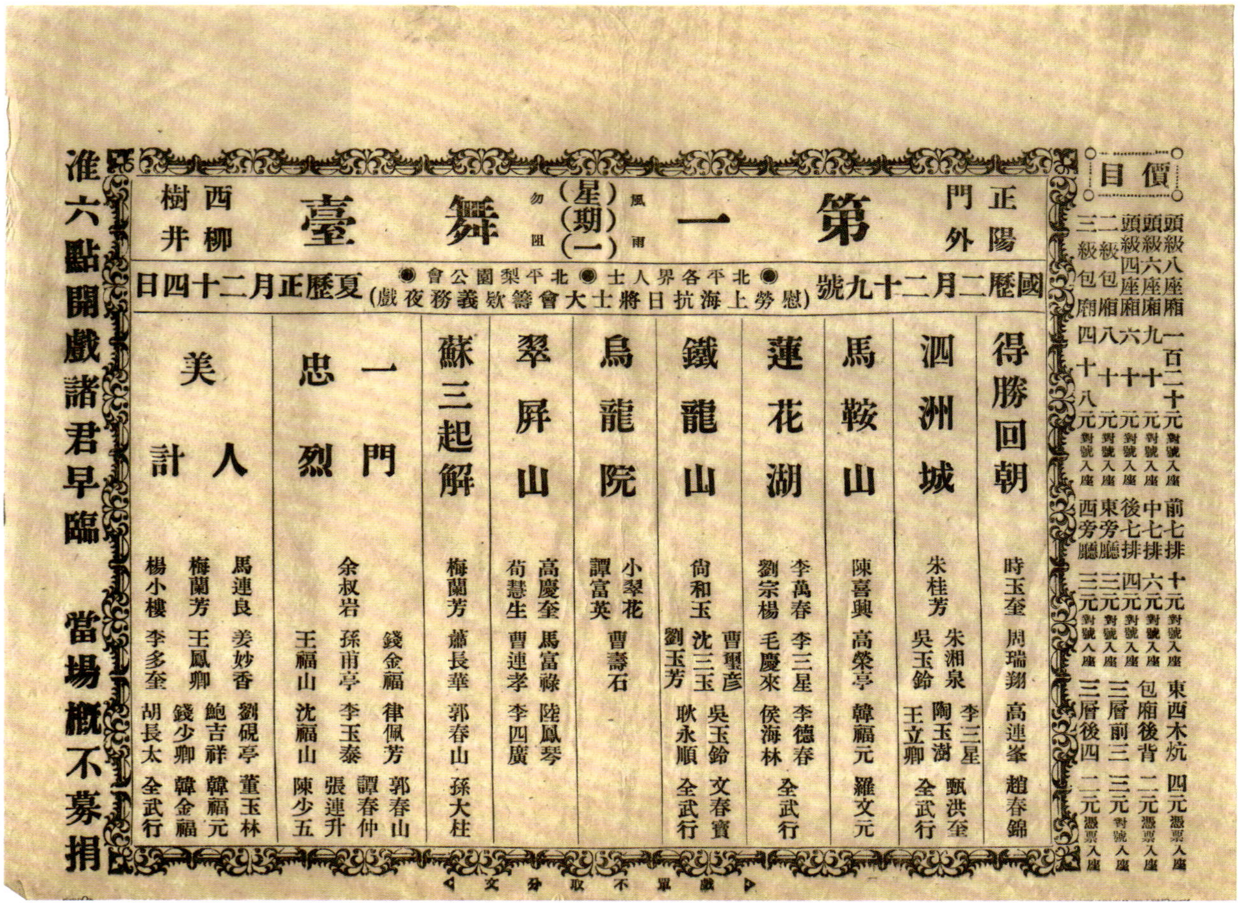

價目
頭級八座廂 一百二十元 對號入座
頭級六座廂 九十元 對號入座
頭級四座廂 六十元 對號入座
二級包廂 八十元 對號入座
三級包廂 四十八元 對號入座
前七排 十元 對號入座
中七排 六元 對號入座
後七排 四元 對號入座
東旁廳 三元 對號入座
西旁廳 三元 對號入座
東西木炕 四元 憑票入座
包廂後背 二元 憑票入座
三層前三 三元 對號入座
三層後四 二元 憑票入座

正陽門外 第一舞臺 (星期一) 風雨勿阻 西柳樹井

國歷二月二十九號 ◉北平各界人士◉北平梨園公會 (慰勞上海抗日將士大會籌欵義務夜戲) 夏歷正月二十四日

得勝回朝 時玉奎 周瑞翔 高連峯 趙春錦
泗洲城 朱桂芳 朱湘泉 吳玉鈴 李三星 陶玉濤 王立卿 甄洪奎 全武行
馬鞍山 陳喜興 高榮亭 韓福元 羅文元
蓮花湖 李萬春 劉宗楊 李三星 毛慶來 李德春 侯海林 全武行
鐵龍山 尚和玉 曹璽彥 沈三玉 劉玉芳 吳玉鈴 耿永順 文春寶 全武行
烏龍院 小翠花 譚富英 曹壽石
翠屏山 高慶奎 荀慧生 馬富祿 曹連孝 陸鳳琴 李四廣
蘇三起解 梅蘭芳 蕭長華 郭春山 孫大柱
一門忠烈 錢金福 余叔岩 王福山 律佩芳 孫甫亭 沈福山 李玉泰 郭春山 譚春仲 張連升 陳少五
美人計 馬連良 梅蘭芳 楊小樓 姜妙香 王鳳卿 李多奎 劉硯亭 鮑吉祥 錢少卿 胡長太 董玉林 韓福元 韓金福 全武行

准六點開戲諸君早臨 當場概不募捐

◁戲單不取分文▷

第一舞台一九三二年二月二十九日戏单

24cm × 32cm

纸本

1932 年

中国艺术研究院艺术与文献馆藏

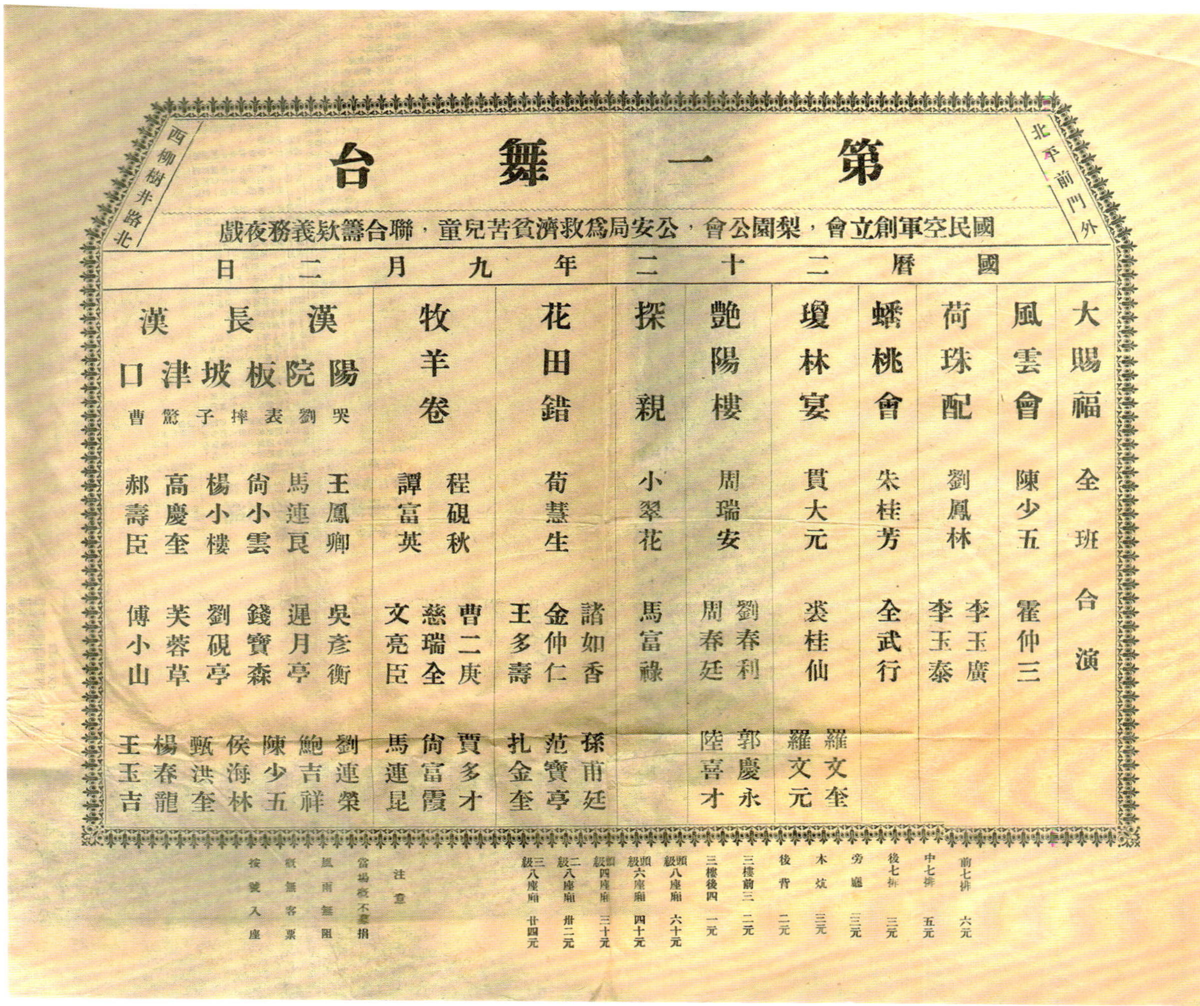

西柳樹井路北

第一舞台

北平前門外

國民空軍創立會，梨園公會，公安局為救濟貧苦兒童，聯合籌款義務夜戲

國曆二十二年九月二日

大賜福 全班合演

風雲會 陳少五 霍仲三

荷珠配 劉鳳林 李玉廣 李玉泰

蟠桃會 朱桂芳 全武行

瓊林宴 貫大元 裘桂仙 羅文奎 羅文元

艷陽樓 周瑞安 劉春利 周春廷 郭慶永 陸喜才

探親 小翠花 馬富祿

花田錯 荀慧生 諸如香 金仲仁 王多壽 孫甫廷 范寶亭 扎金奎

牧羊卷 程硯秋 譚富英 曹二庚 慈瑞全 文亮臣 賈多才 尚富霞 馬連昆

漢陽院 長板城 漢津口（哭劉表 摔子 驚曹） 王鳳卿 馬連良 尚小雲 楊小樓 高慶奎 郝壽臣 吳彥衡 遲月亭 錢寶森 劉硯亭 芙蓉草 傅小山 劉連榮 鮑吉祥 陳少五 侯海林 甄洪奎 楊春龍 王玉吉

前七排 六元　中七排 五元　後七排 三元　旁廳 三元　木炕 三元　後背 二元　三樓前三 二元　三樓後四 一元　頭級八座廂 六十元　頭級六座廂 四十元　頭級四座廂 三十元　二級八座廂 卅二元　三級八座廂 廿四元

注意　當場概不募捐　風雨無阻　概無客票　按號入座

第一舞台一九三三年九月二日戏单

31.2cm × 36.8cm

纸本

1933 年

中国艺术研究院艺术与文献馆藏

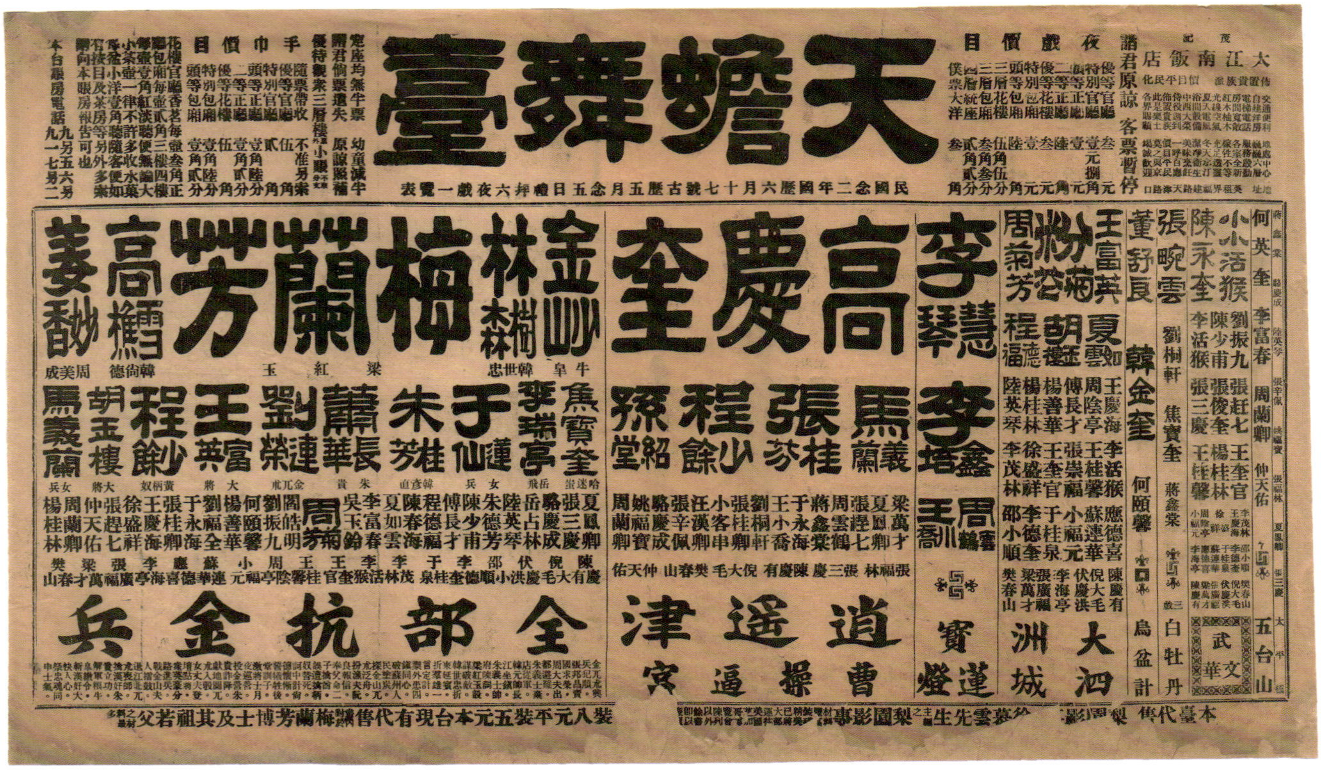

天蟾舞台一九三三年六月十七日戏单

37.2cm × 62.5cm

纸本

1933 年

中国艺术研究院艺术与文献馆藏

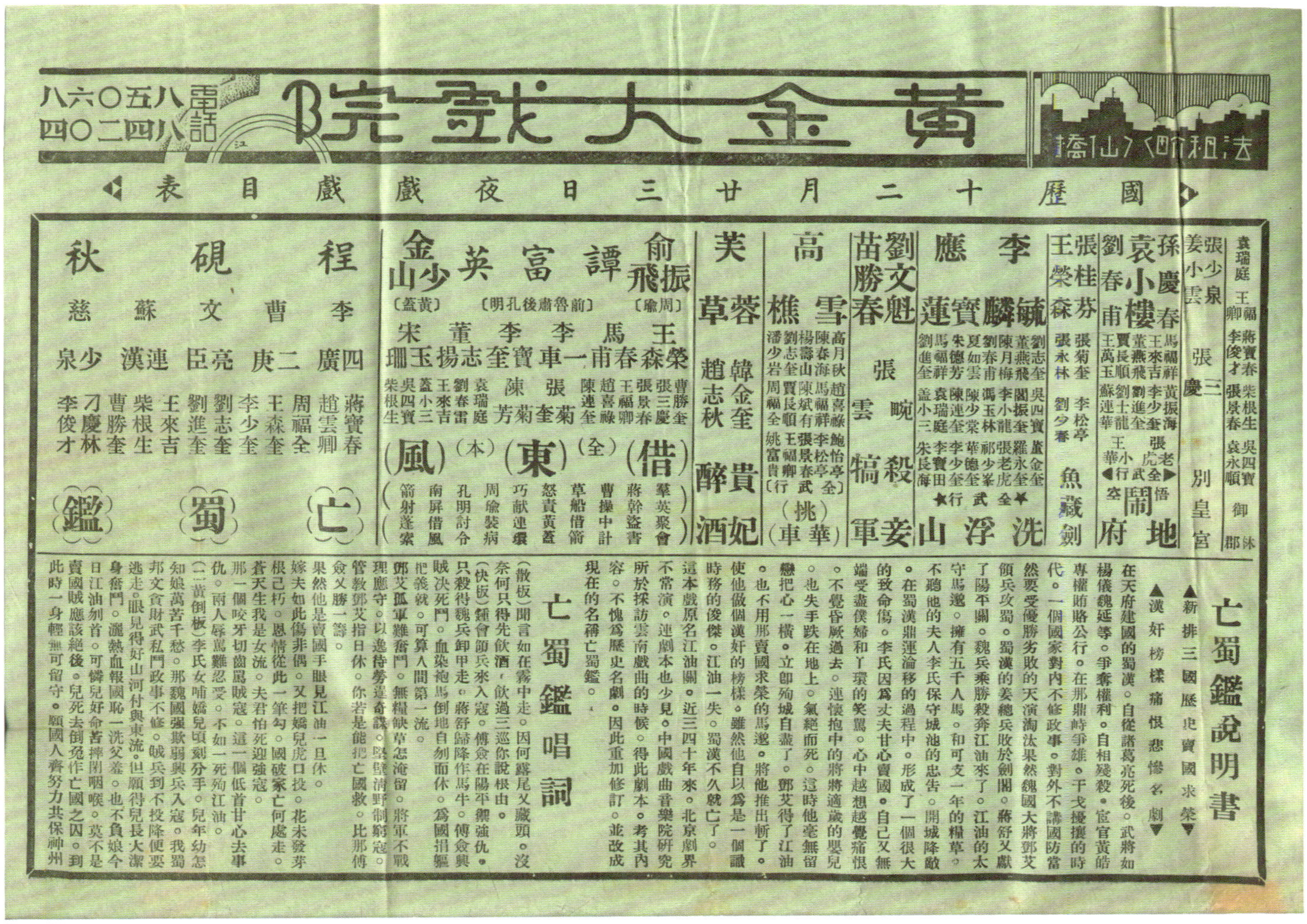

黃金大戲院

電話 八五〇六八 八四二〇四

法租界八仙橋

國曆十二月廿三日夜戲戲目表

亡蜀鑑說明書

▲新排三國歷史寶國求榮▼

▲漢奸榜樣痛恨悲慘名劇▼

在天府建國的蜀漢。自從諸葛亮死後。武將如楊儀魏延等。爭奪權利。自相殘殺。宦官黃皓專權賄賂公行。在那鼎峙爭雄。干戈擾攘的時代。一個國家對內不修政事。對外不講國防當然要受優勝劣敗的天演淘汰果然魏國大將鄧艾領兵攻蜀。蜀漢的姜總兵敗於劍閣。蔣舒又獻了陽平關。魏兵乘勝殺奔江油來了。江油的太守馬邈。擁有五千人馬。和可支一年的糧草。不聽他的夫人李氏保守城池的忠告。開城降敵。在蜀漢鼎運淪移的過程中。形成了一個很大的致命傷。李氏因爲丈夫甘心賣國。自己又無端受盡僕婦和丫環的笑罵。心中越想越覺痛恨。不覺昏厥過去。連懷抱中的將將適歲的嬰兒。也失手跌在地上。氣絕而死。這時他毫無留戀把心一橫。立即殉城自盡了。鄧艾得了江油。也不用那賣國求榮的馬邈。將他推出斬了。使他做個漢奸的榜樣。雖然他自以爲是一個識時務的俊傑。江油一失。蜀漢不久就亡了。

這本戲原名江油關。近三四十年來。北京劇界不常演。連劇本也少見。中國戲曲音樂院研究所於採訪雲南戲曲的時候。得此劇本。考其內容。不愧爲歷史名劇。因此重加修訂。並改成現在的名稱亡蜀鑑。

亡蜀鑑唱詞

(散板)聞言如在霧中走。因何露尾又藏頭。沒奈何只得先飲酒，飲過三巡你說根由。

(快板)鍾會節兵來入寇。傅僉在陽平禦強仇。只殺得魏兵卸甲走。蔣舒歸降作馬牛。傅僉與賊決死鬥。血染袍馬倒地自刎而休。爲國捐軀把義就。可算人間第一流。

鄧艾孤軍難奮鬥。無糧缺草怎淹留。將軍不戰理應守。以逸待勞運奇謀。堅壁清野制窮寇。管教鄧艾指日休。你若是能把亡國救。比那傅僉又勝一籌。

果然他是賣國手。眼見江油一旦休。

嫁夫如此傷非偶。又把嬌兒虎口投。花未發芽根已朽。恩情從此一筆勾。國破家亡何處走。蒼天生我是女流。夫君怕死迎強寇。

那一個咬牙切齒罵賊寇。這一個低首甘心去事仇。兩人辱罵難忍受。不如一死殉江油。

(二黃倒板)李氏女哺嬌兒頃刻分手。兒年幼怎知娘萬苦千愁。那魏國强欺弱興兵入寇。我蜀邦文貪財武私鬥政事不修。賊兵到不投降便要逃走。眼見得好山河付與東流。但願得兒長大潔身奮鬥。灑熱血報國恥一洗父羞。也不負娘今日江油刎首。可憐兒好命苦摔閉咽喉。莫不是賣國賊應該絕後。兒死去倒免作亡國之囚。到此時一身輕無可留守。願國人齊努力共保神州

黄金大戏院十二月二十三日夜戏单

22cm × 31cm

纸本

20 世纪 30 年代

中国艺术研究院艺术与文献馆藏

《生死恨》唱片

胜利公司出品

直径：25cm

唱片

1934 年

中国艺术研究院艺术与文献馆藏

VE
VICTOR
美國勝利唱機公司
54790-B
平劇
梅蘭芳
生死恨
二段
R.C.A Victor Co. of China
Shanghai
VE

RCA
RCA Victor Company of China
Shanghai

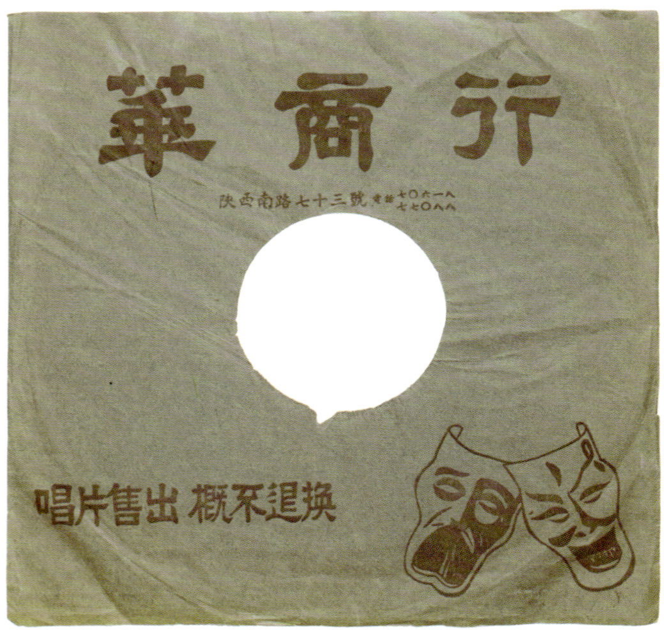

《抗金兵》唱片

华商行发行，胜利公司出品

直径：25cm

唱片

1935 年

中国艺术研究院艺术与文献馆藏

VICTOR
美國勝利唱機公司
54789-B
梅蘭芳
抗金兵
C54789B

昆曲大典录过
2006年11月
華商行唱片買賣
中国艺术研究院图书馆
CPX002404

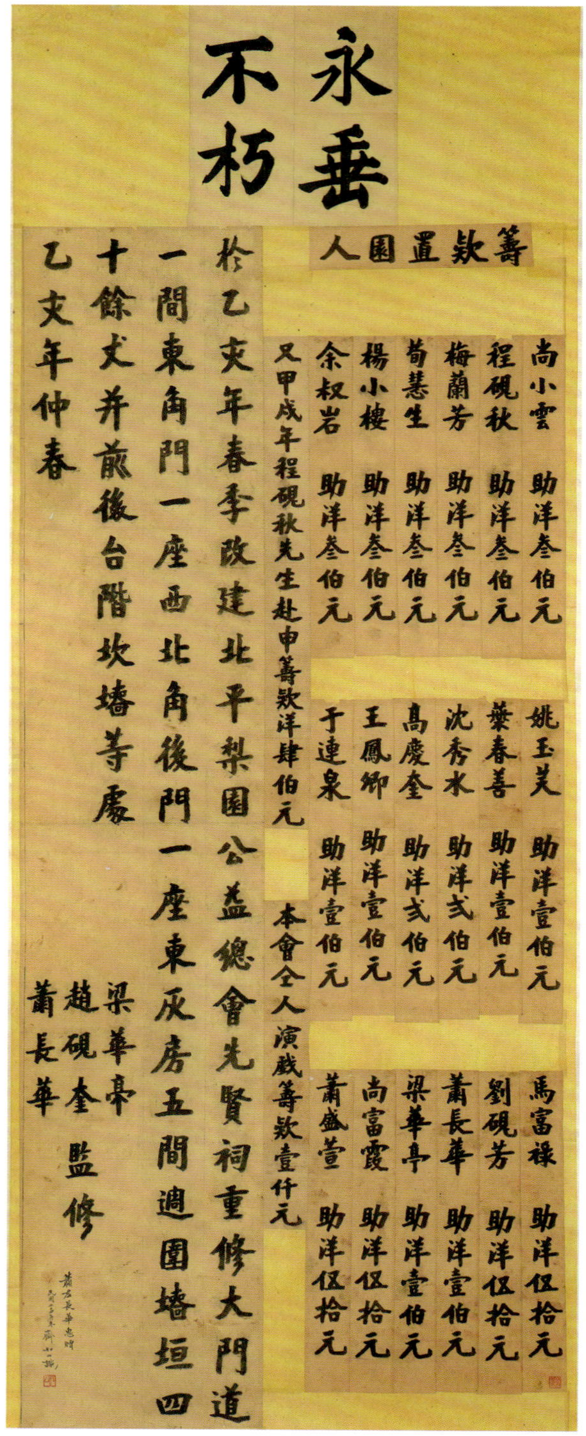

《改建北平梨园公益总会先贤祠功德碑》墨稿

154cm × 60cm

纸本

1935 年

中国艺术研究院艺术与文献馆藏

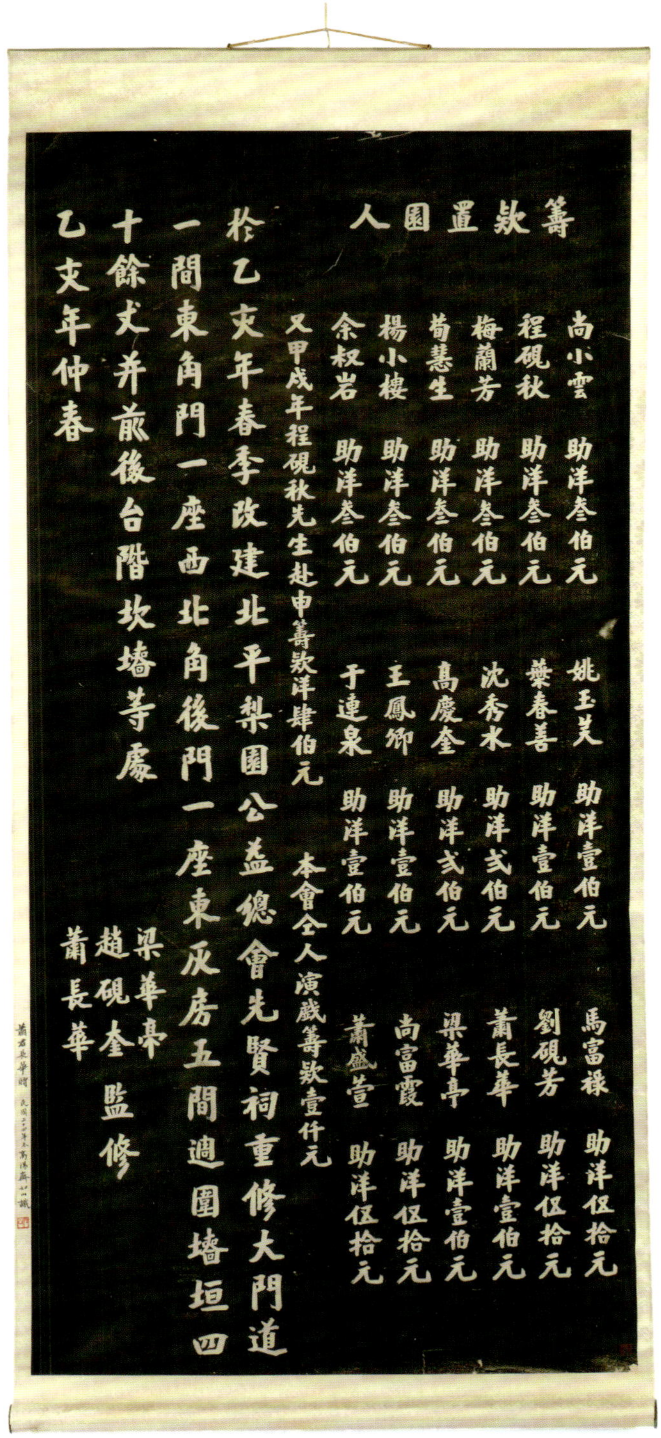

《改建北平梨园公益总会先贤祠功德碑》拓片

139.8cm × 66cm

纸本

1935 年

中国艺术研究院艺术与文献馆藏

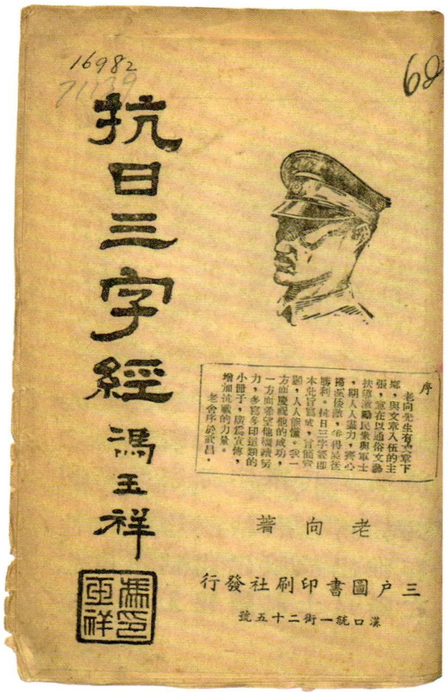

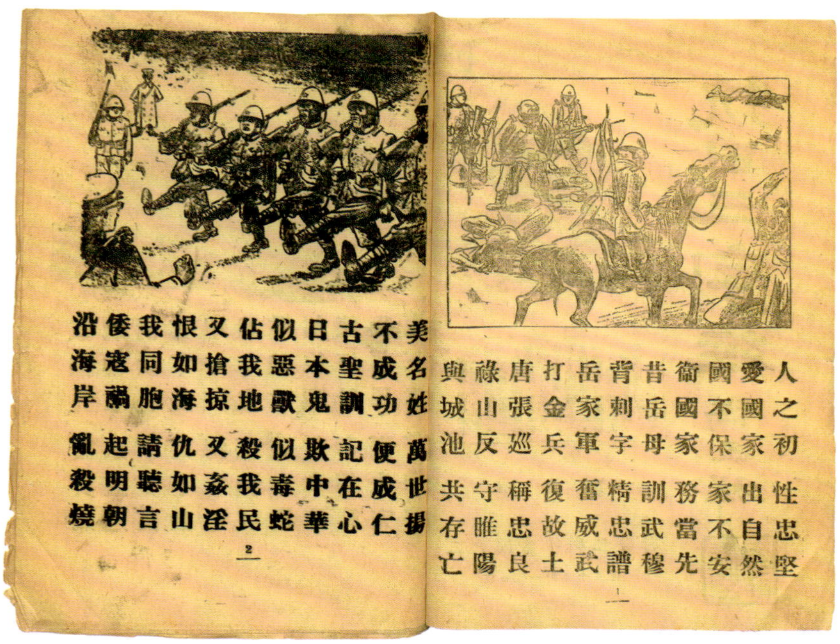

《抗日三字经》

老向

三户图书印刷社发行

20.2cm × 13.5cm

铅印本

1938 年

中国艺术研究院艺术与文献馆藏

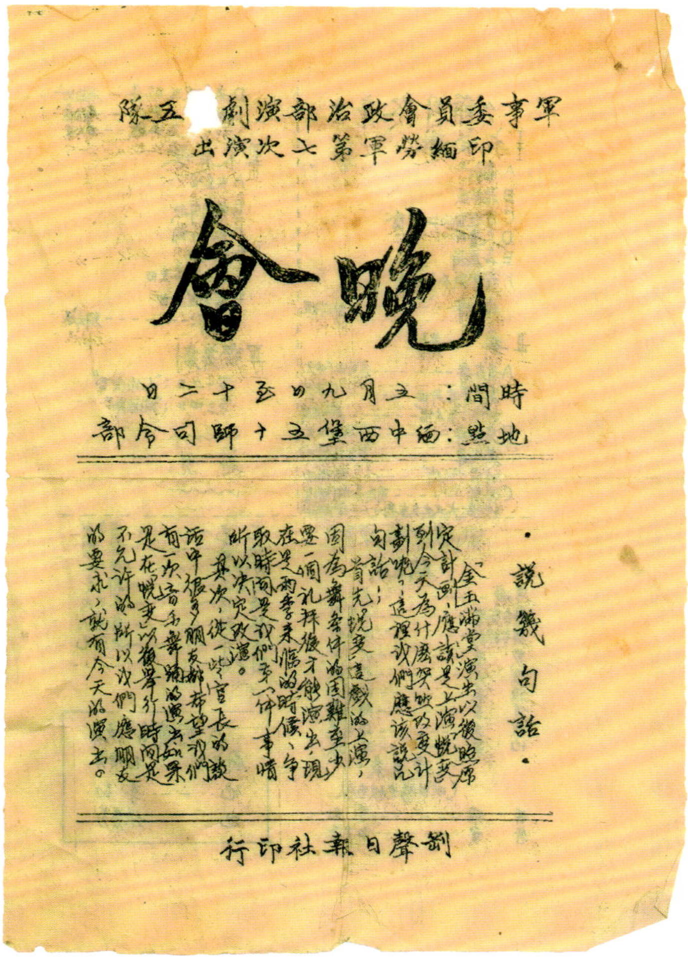

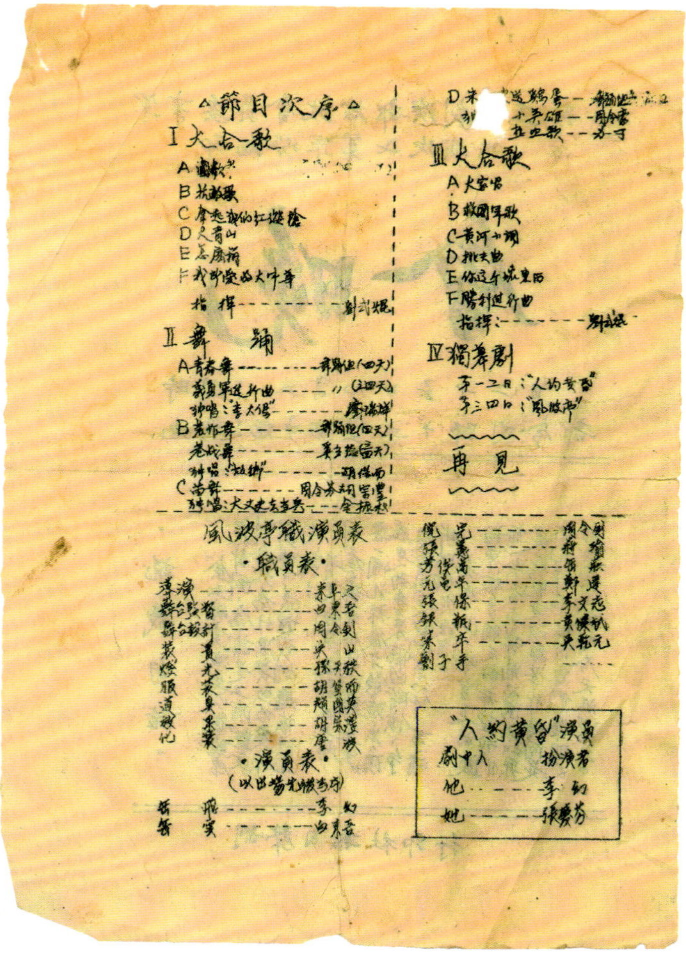

军事委员会政治部演剧第五队印缅劳军第七次演出晚会节目单

23cm × 15.5cm

油印

20 世纪 40 年代

中国艺术研究院艺术与文献馆藏

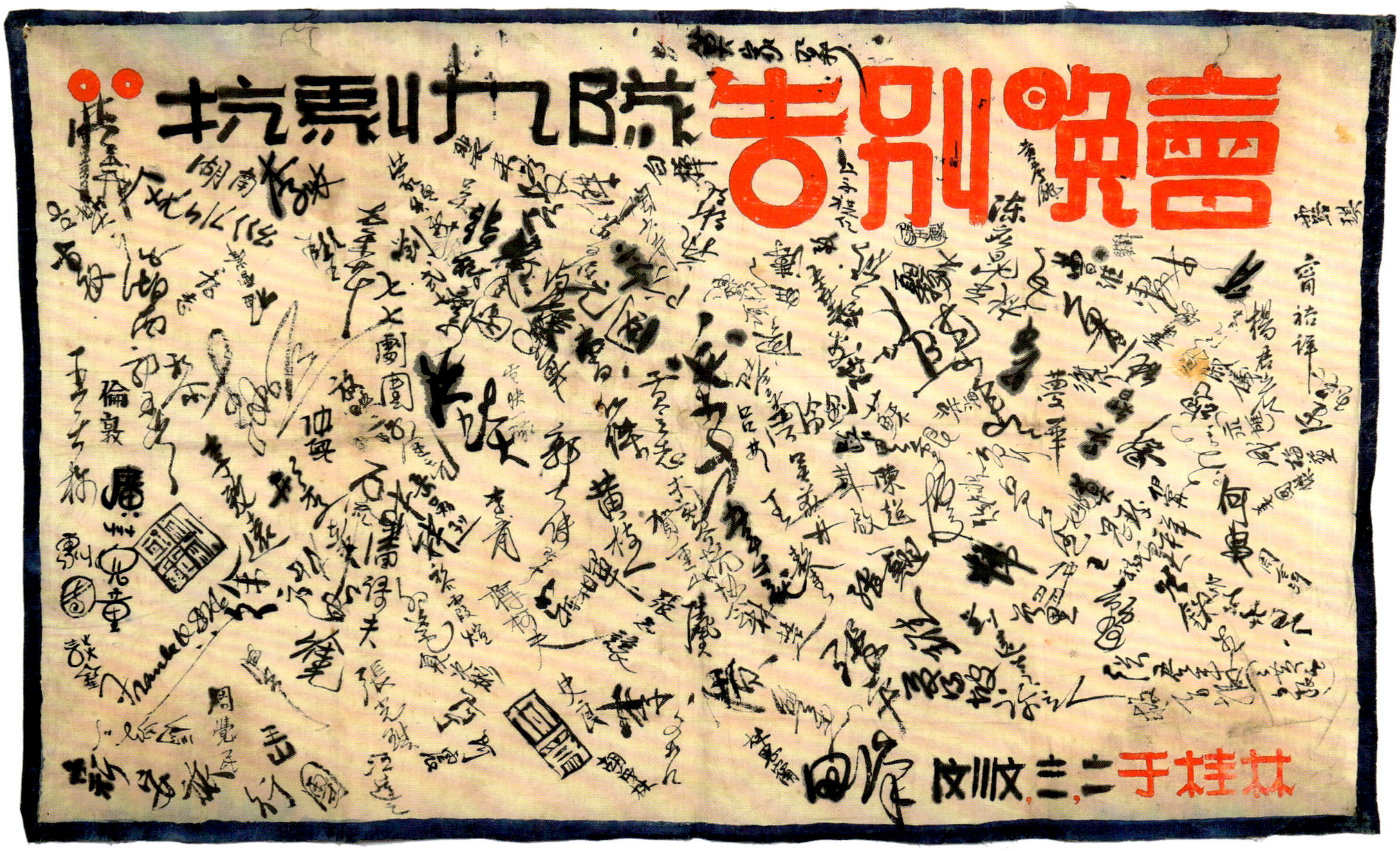

抗剧九队告别晚会签名录（于桂林）

56cm × 88cm

棉布

1939 年

中国艺术研究院艺术与文献馆藏

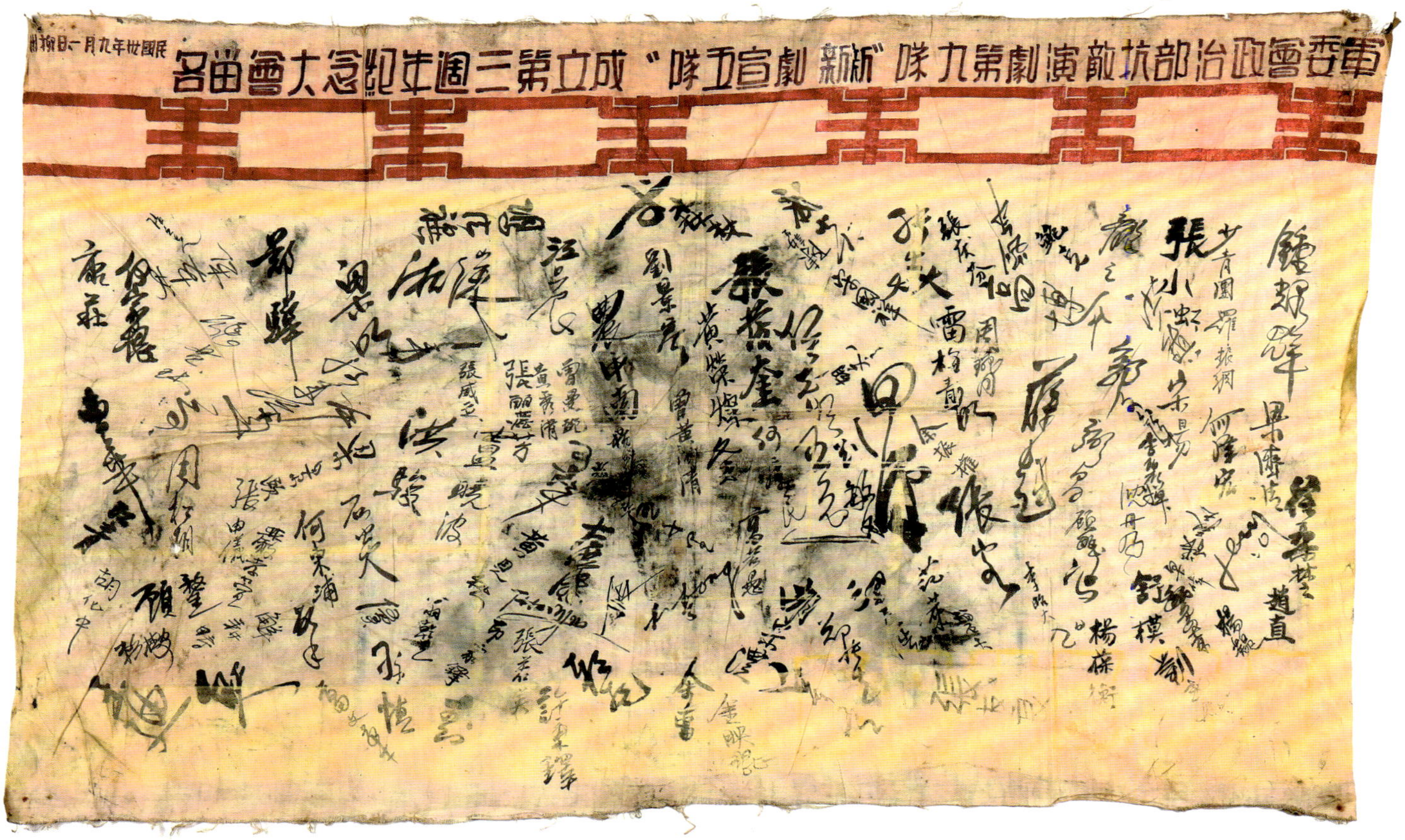

军委会政治部抗敌演剧第九队“新新剧宣五队”成立第三周年纪念大会留名（柳州）

53cm × 87cm

棉布

1941 年

中国艺术研究院艺术与文献馆藏

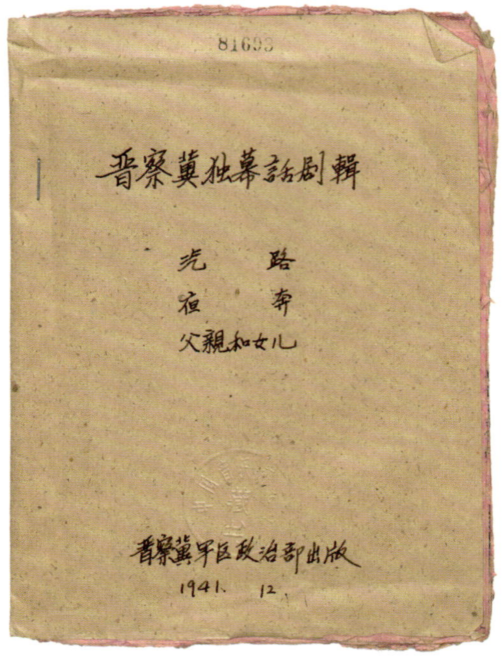

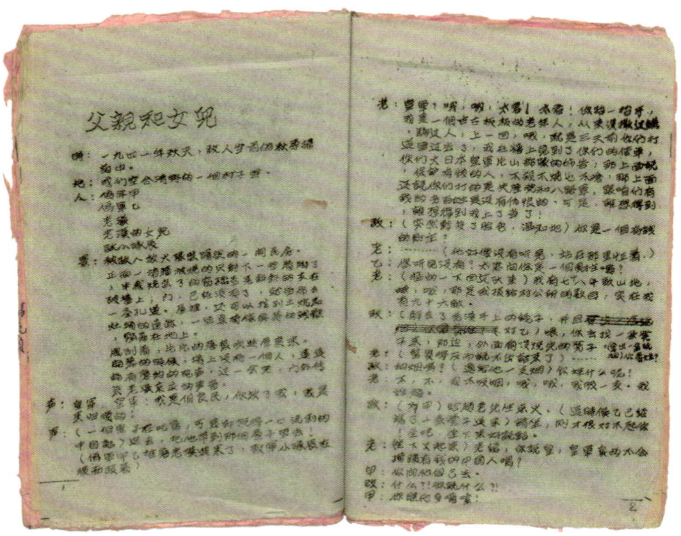

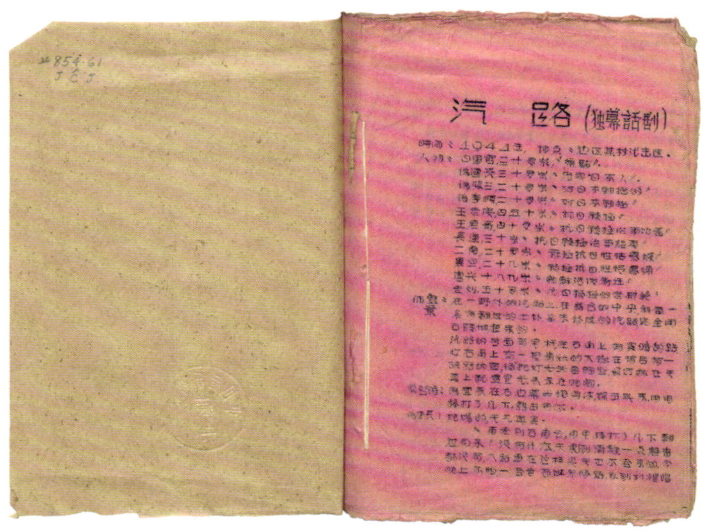

《晋察冀独幕话剧辑》

晋察冀军区政治部出版

19.5cm × 14.2cm

油印本

1941 年

中国艺术研究院艺术与文献馆藏

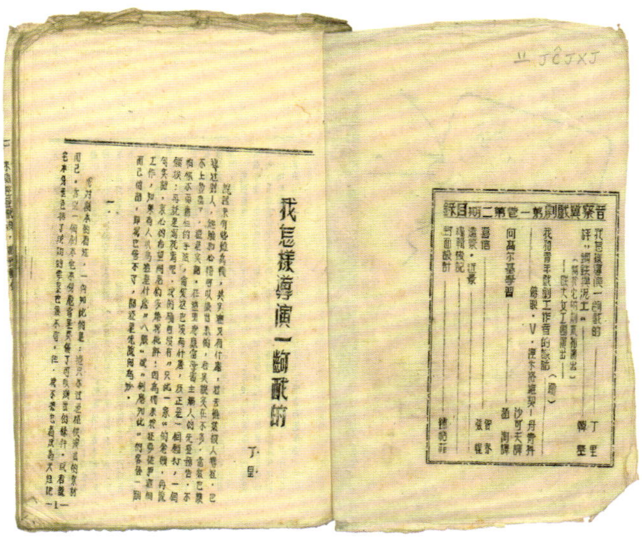

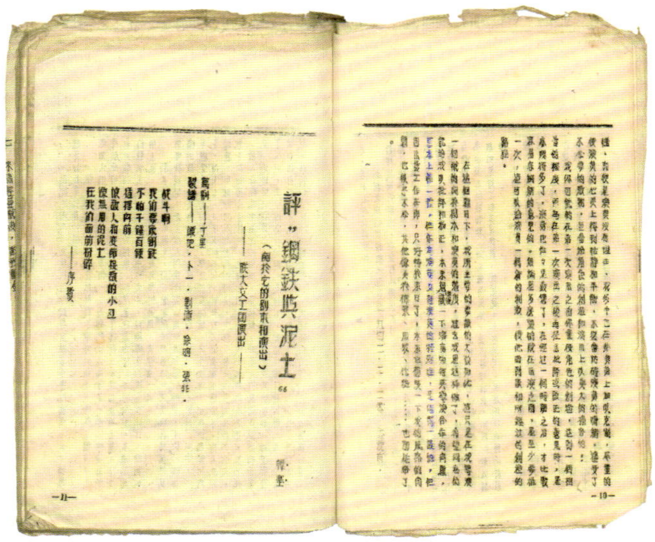

《晋察冀戏剧》

中华全国戏剧界抗敌协会晋察冀边区分会编辑

边区文化供应社出版

21cm × 14.3cm

油印本

1942 年

中国艺术研究院艺术与文献馆藏

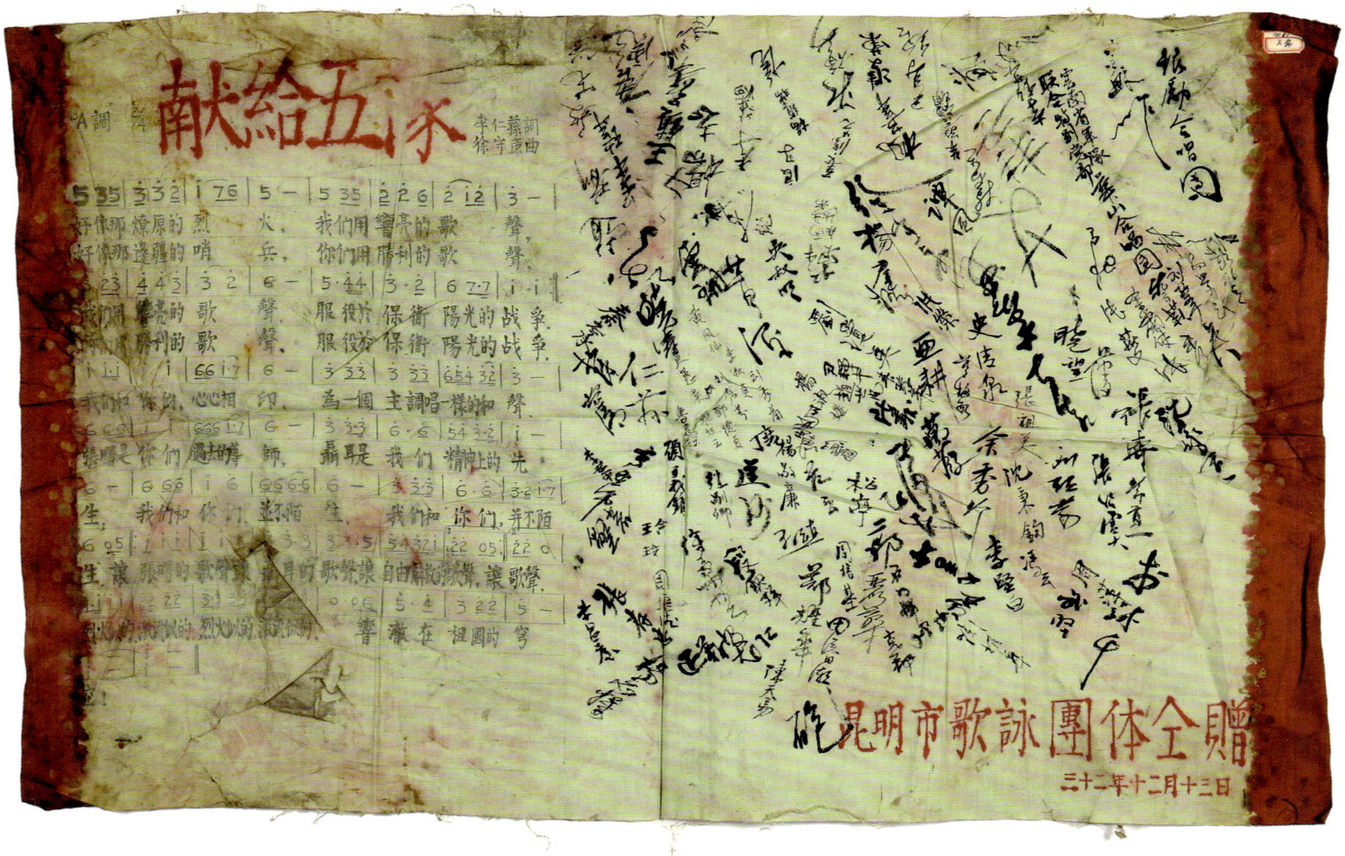

昆明市歌咏团体同赠《献给五队》的歌曲曲谱及签名

54.2cm × 85cm

棉布

1943 年

中国艺术研究院艺术与文献馆藏

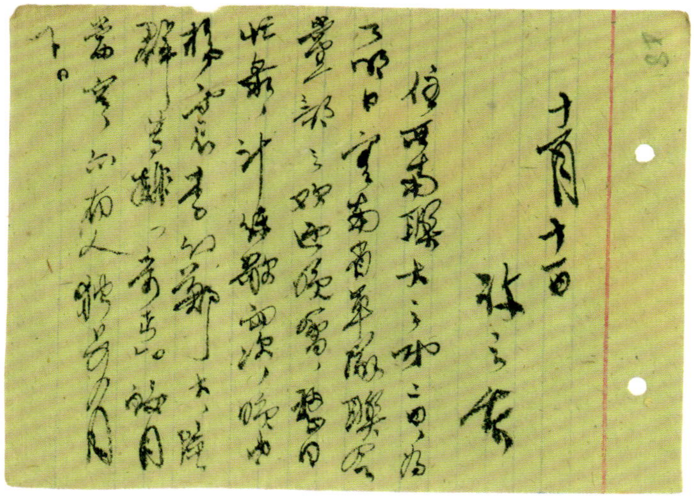

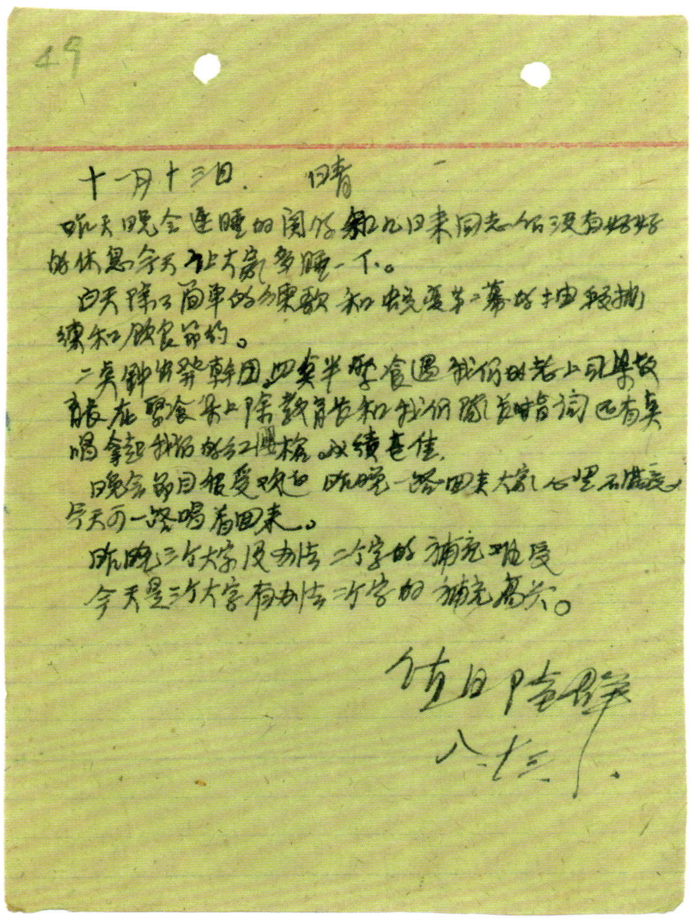

十一月十三日。 晴

昨天晚会连睡的关係和九日来同志们没有好好的休息今天让大家多睡一下。

白天除了简单的练歌和[illegible]第二幕的抽[illegible]练和饭食节约。

二点钟出发[illegible]团，四点半聚餐会遇我们的老上司[illegible]张在聚餐会上除致辞[illegible]和我们[illegible]词也有[illegible]唱拿起我们的红[illegible]成绩甚佳。

晚会节目很受欢迎 昨晚一路回来大家心里不满意，今天可一路唱着回来。

昨晚三个大字及办法二个字的补充难受

今天是三个大字有办法二个字的补充高兴。

值日 陆群

八十三

军委会政治部抗敌演剧第五队队务日记（散页 97 页）

陆群等

18cm × 13cm

手稿

1943—1944 年

中国艺术研究院艺术与文献馆藏

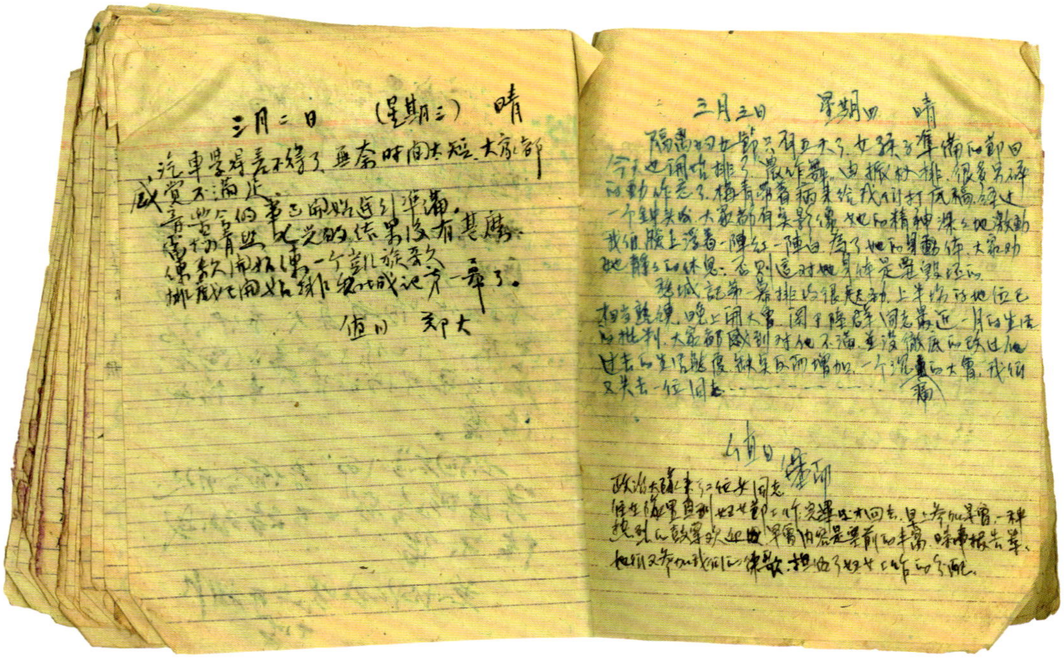

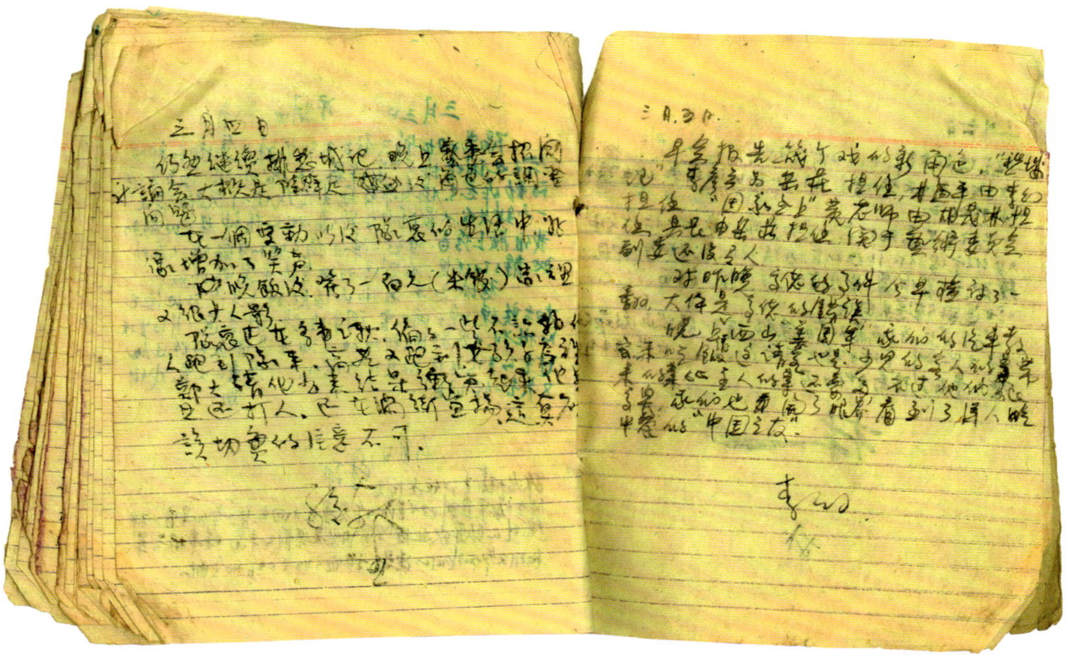

军委会政治部抗敌演剧第五队队务日记

郑大等

18cm × 13cm

手稿

1943—1944 年

中国艺术研究院艺术与文献馆藏

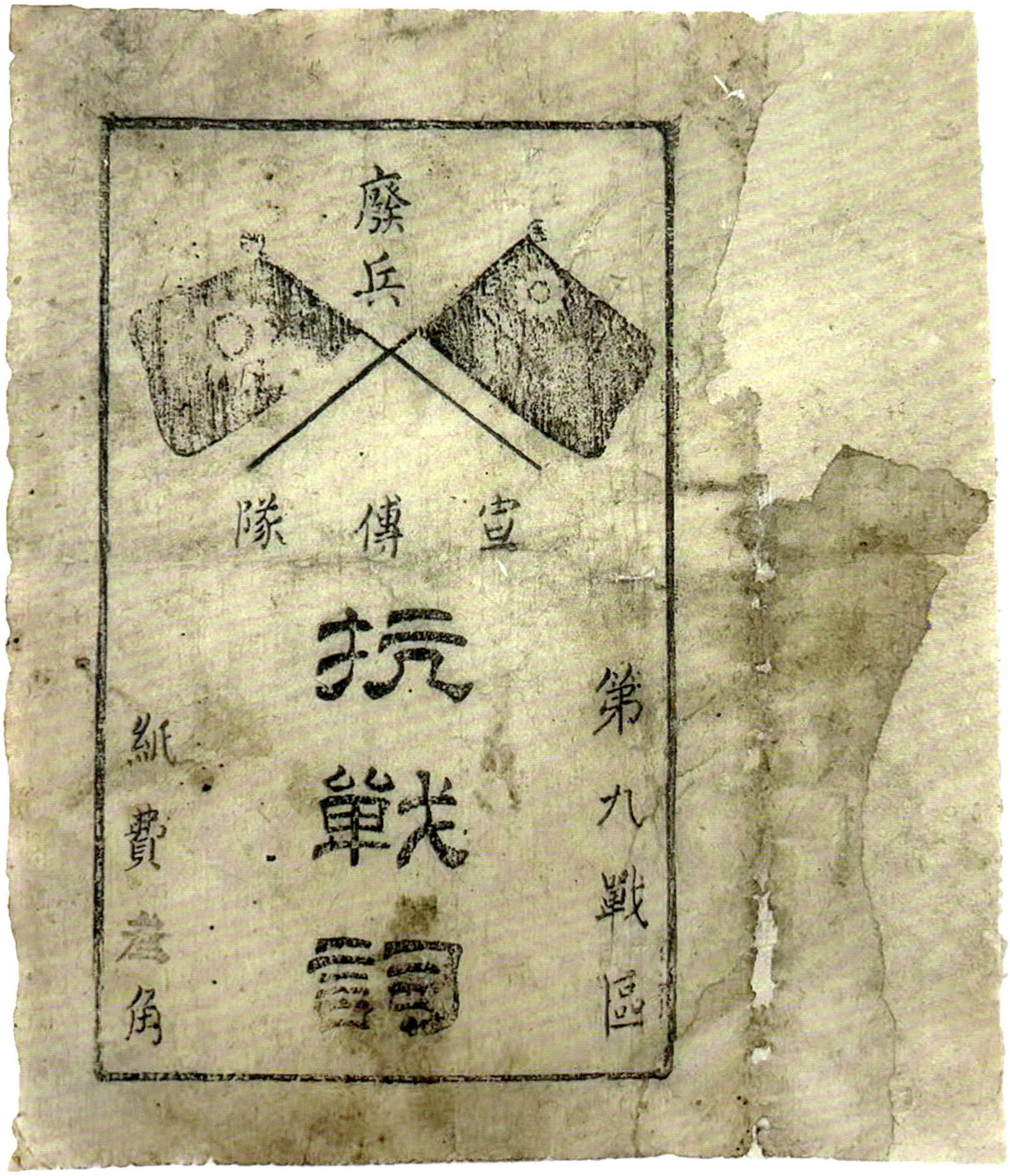

《抗战词》

第九战区废兵（伤残士兵）宣传队
18.1cm × 14.9cm
刻本
1937—1945 年
中国艺术研究院艺术与文献馆藏

国民政府军事委员会政治部抗敌演剧队第九队队旗

66.5cm × 42cm

棉布

1937—1945 年

中国艺术研究院艺术与文献馆藏

上海文协宣传队第 3 号袖标

11cm × 36.5cm

麻布

1937—1945 年

中国艺术研究院艺术与文献馆藏

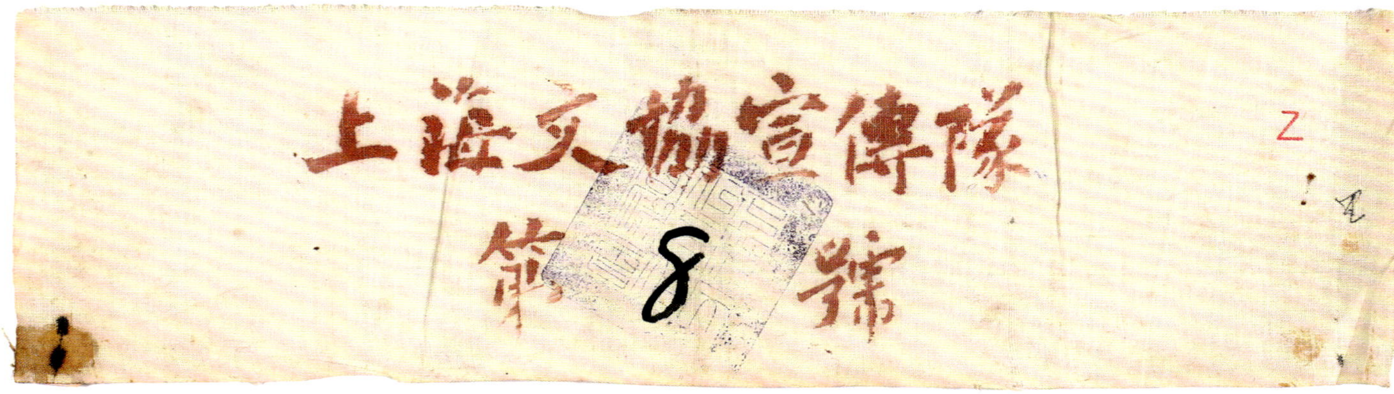

上海文协宣传队第 8 号袖标

11cm × 36.5cm

麻布

1937—1945 年

中国艺术研究院艺术与文献馆藏

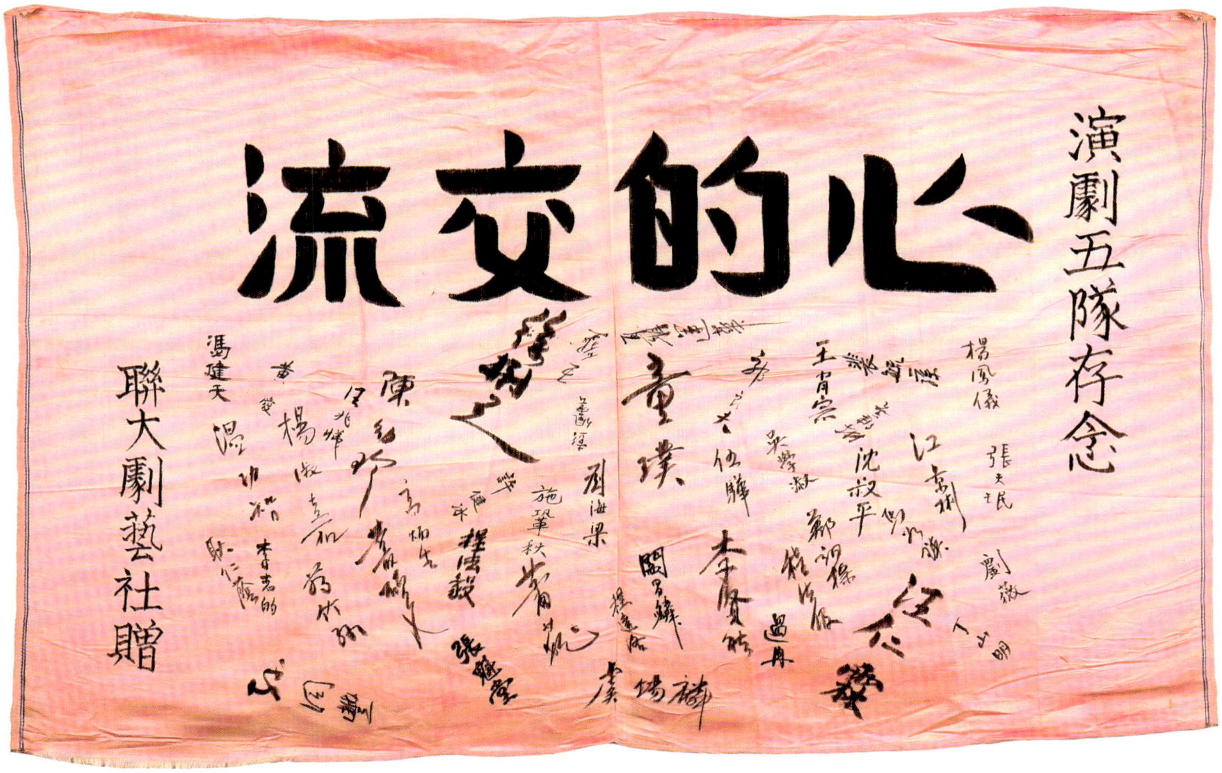

《心的交流》联大剧艺社赠演剧五队签名录

44.5cm × 69.8cm

丝绸

1938—1945 年

中国艺术研究院艺术与文献馆藏

《生死恨》剧本

齐如山编
26.2cm × 15cm
抄本
20 世纪三四十年代
中国艺术研究院艺术与文献馆藏

生死恨目錄

中國戲曲研究院藏書

概要

程鵬舉韓玉娘均係宋民被擄金邦發交張萬户家為奴張以鵬舉謹慎可靠遂以韓玉娘妻之玉娘見鵬舉少年英俊勸其逃回故國力圖上進程疑其受張指使反將其言告知張萬户張怒將玉娘賣與前街瞿士錫為妾臨去與其夫泣别鵬舉大悔遂向玉娘索取表記以為異日破鏡重圓之證玉娘以耳環為贈程匆匆失足遺鞋一只玉娘

《暹华舞踊艺术研究会首次公演特刊》

26.4cm × 19cm
铅印本
1947 年
中国艺术研究院艺术与文献馆藏

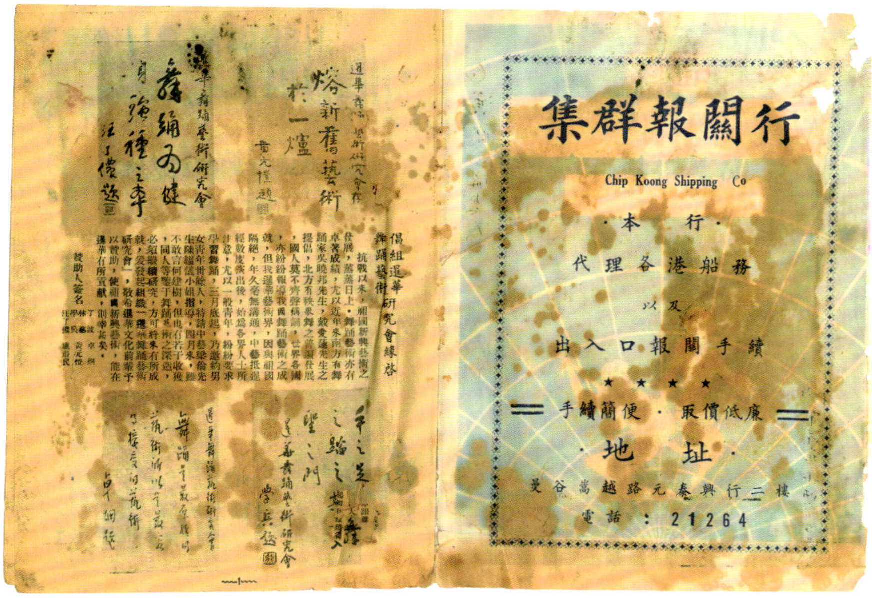
集群報關行
Chip Koong Shipping Co
·本行·
代理各港船務
以及
出入口報關手續
手續簡便·取價低廉
·地址·
曼谷嵩越路元泰興行二樓
電話：21264

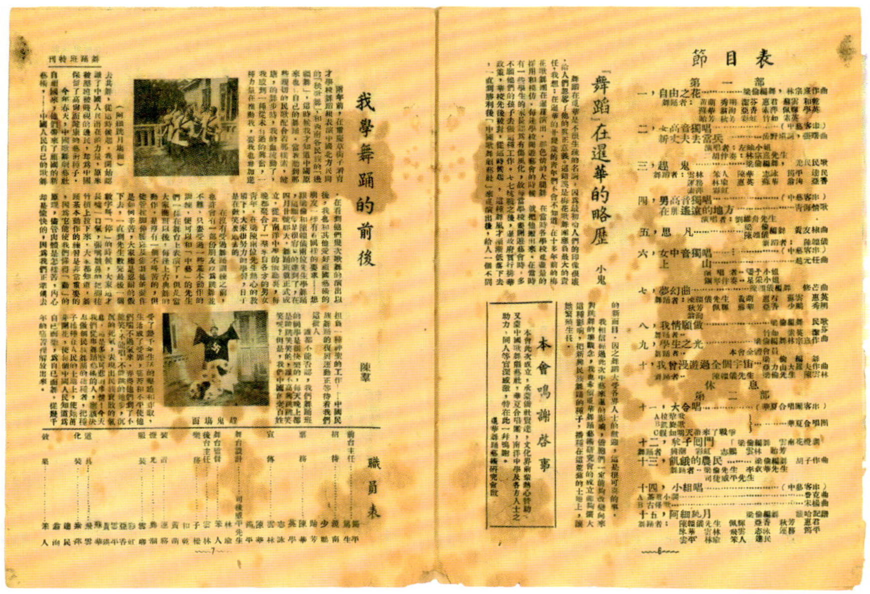
我學舞蹈的前後
舞蹈在暹華的略歷
本會鳴謝啟事
節目表
職員表

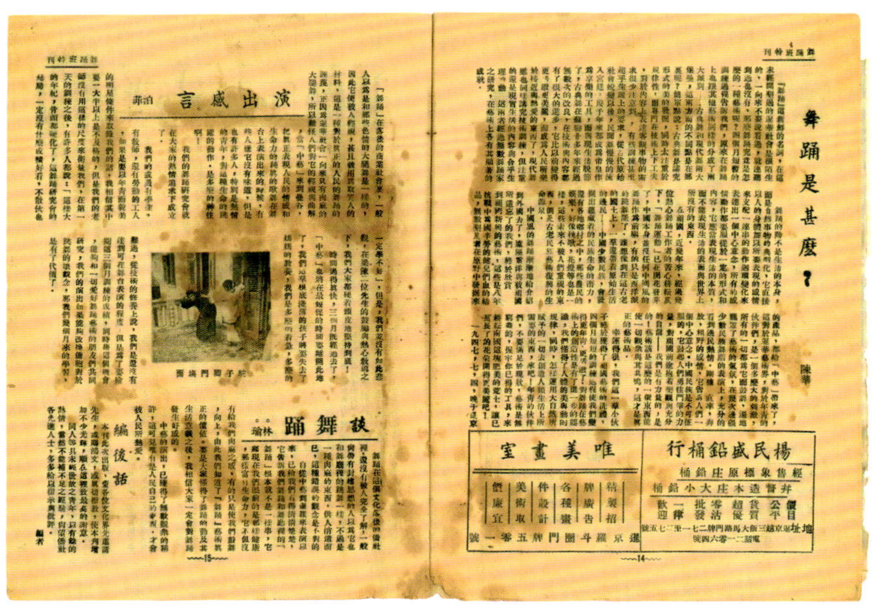
演出感言
舞蹈是甚麼？
編後話
揚民盛鉛桶行
唯美畫室
—14—

五幕悲喜剧《结婚进行曲》、四幕家庭悲剧《金玉满堂》、四幕名剧《愁城记》演出海报

78cm × 110cm

纸本

20 世纪 40 年代

中国艺术研究院艺术与文献馆藏

电影《生死恨》海报

37.7cm × 26cm

纸本

1948 年

中国艺术研究院艺术与文献馆藏

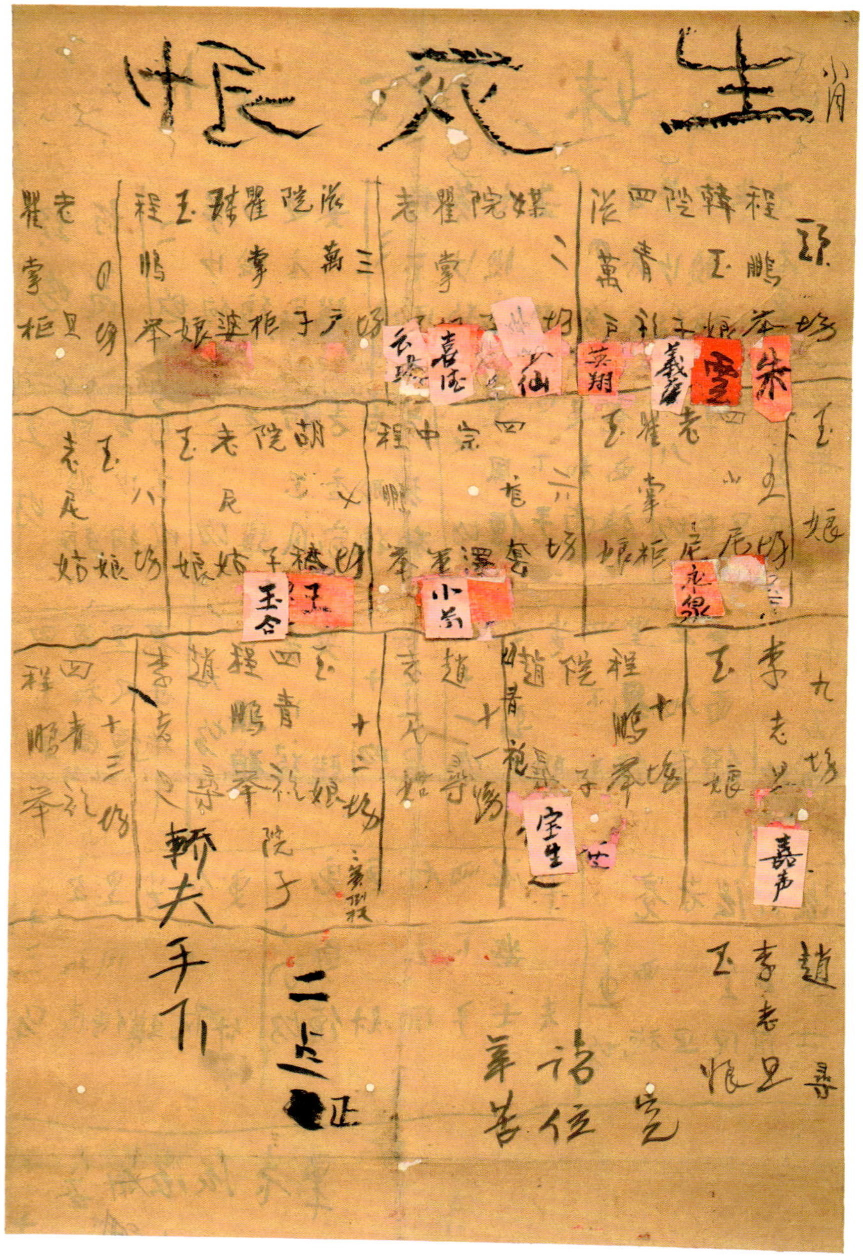

《生死恨》提纲

梅兰芳

43cm × 28.5cm

手稿

年代不详

中国艺术研究院艺术与文献馆藏

《抗金兵》十四场

17.3cm × 11.2cm

抄本

民国

中国艺术研究院艺术与文献馆藏

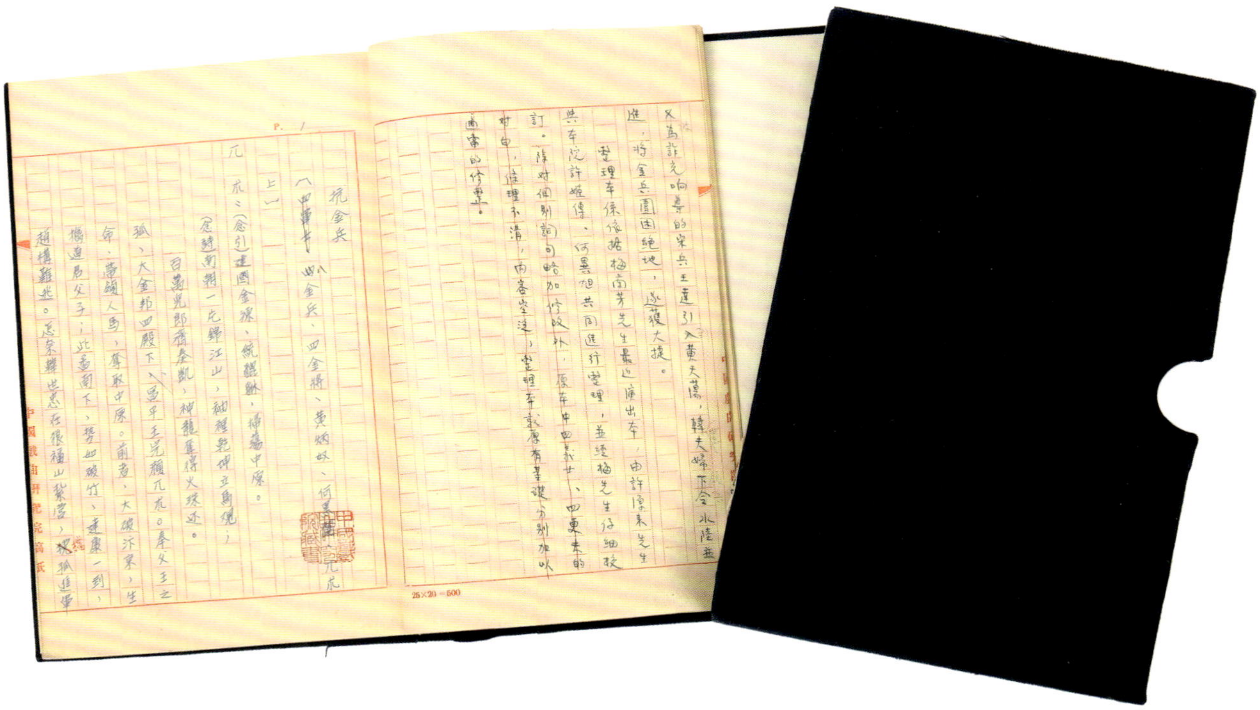

《抗金兵》（整理本）

梅兰芳初校

25cm × 17.2cm

抄本

1954 年

中国艺术研究院艺术与文献馆藏

抗金兵
（整理本）
梅蘭芳

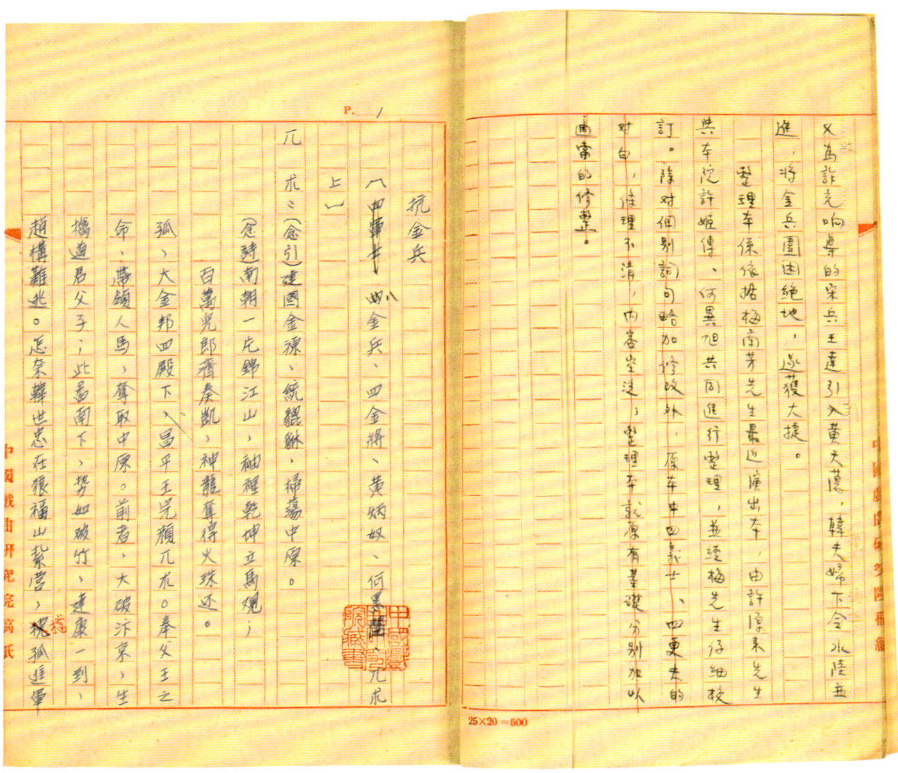

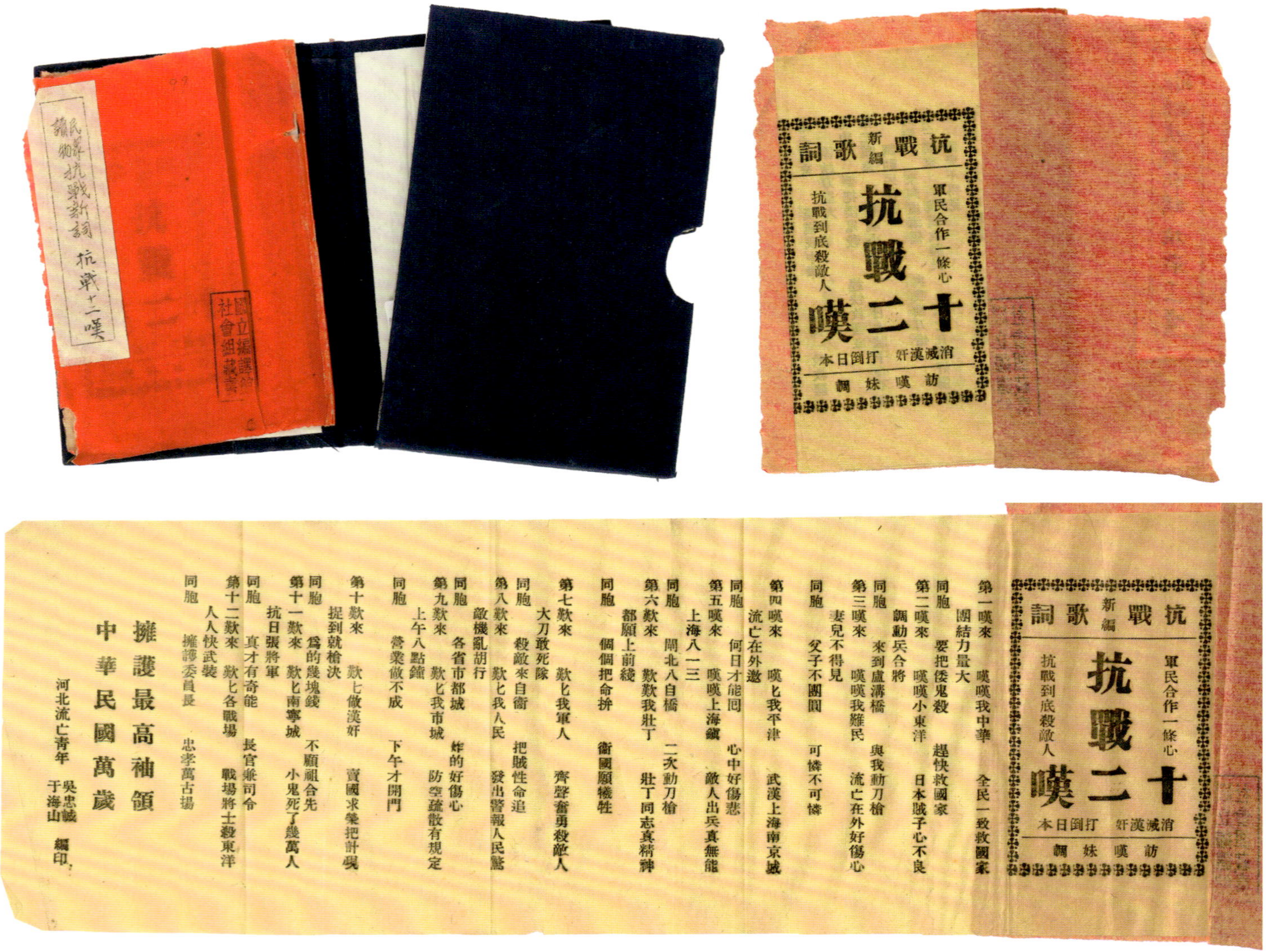

抗戰歌詞 新編
軍民合作一條心
抗戰到底殺敵人
抗戰十二嘆
消滅漢奸 打倒日本
訪嘆妹調

第一嘆來　嘆嘆我中華　全民一致救國家
團結力量大
同胞　要把倭鬼殺　趕快救國家
第二嘆來　嘆嘆小東洋　日本賊子心不良
調動兵合將
同胞　來到盧溝橋　與我動刀槍
第三嘆來　嘆嘆我難民　流亡在外好傷心
妻兒不得見
同胞　父子不團圓　可憐不可憐
第四嘆來　嘆々我平津　武漢上海南京城
流亡在外邀
同胞　何日才能回　心中好傷悲
第五嘆來　嘆嘆上海鎮　敵人出兵真無能
上海八一三
同胞　閘北八自橋　二次動刀槍
第六歎來　歎歎我壯丁　壯丁同志真精神
都願上前綫
同胞　個個把命拚　衛國願犧牲
第七歎來　歎々我軍人　齊聲奮勇殺敵人
大刀敢死隊
同胞　殺敵來自衛　把賊性命追
第八歎來　歎々我人民　發出警報人民驚
敵機亂胡行
同胞　各省市都城　炸的好傷心
第九歎來　歎々我市城　防空疏散有規定
上午八點鐘
同胞　營業做不成　下午才開門
第十歎來　歎々做漢奸　賣國求榮把計謀
捉到就槍決
同胞　爲的幾塊錢　不顧祖合先
第十一歎來　歎々南寧城　小鬼死了幾萬人
抗日張將軍
同胞　真才有奇能　長官兼司令
第十二歎來　歎々各戰場　戰場將士殺東洋
人人快武裝
同胞　擁護委員長　忠孝萬古揚

擁護最高領袖
中華民國萬歲

河北流亡青年　吳忠誠 于海山　編印

《抗战十二叹》

吴忠诚、于海山编印

15.1cm × 10.3cm

石印本

民国

中国艺术研究院艺术与文献馆藏

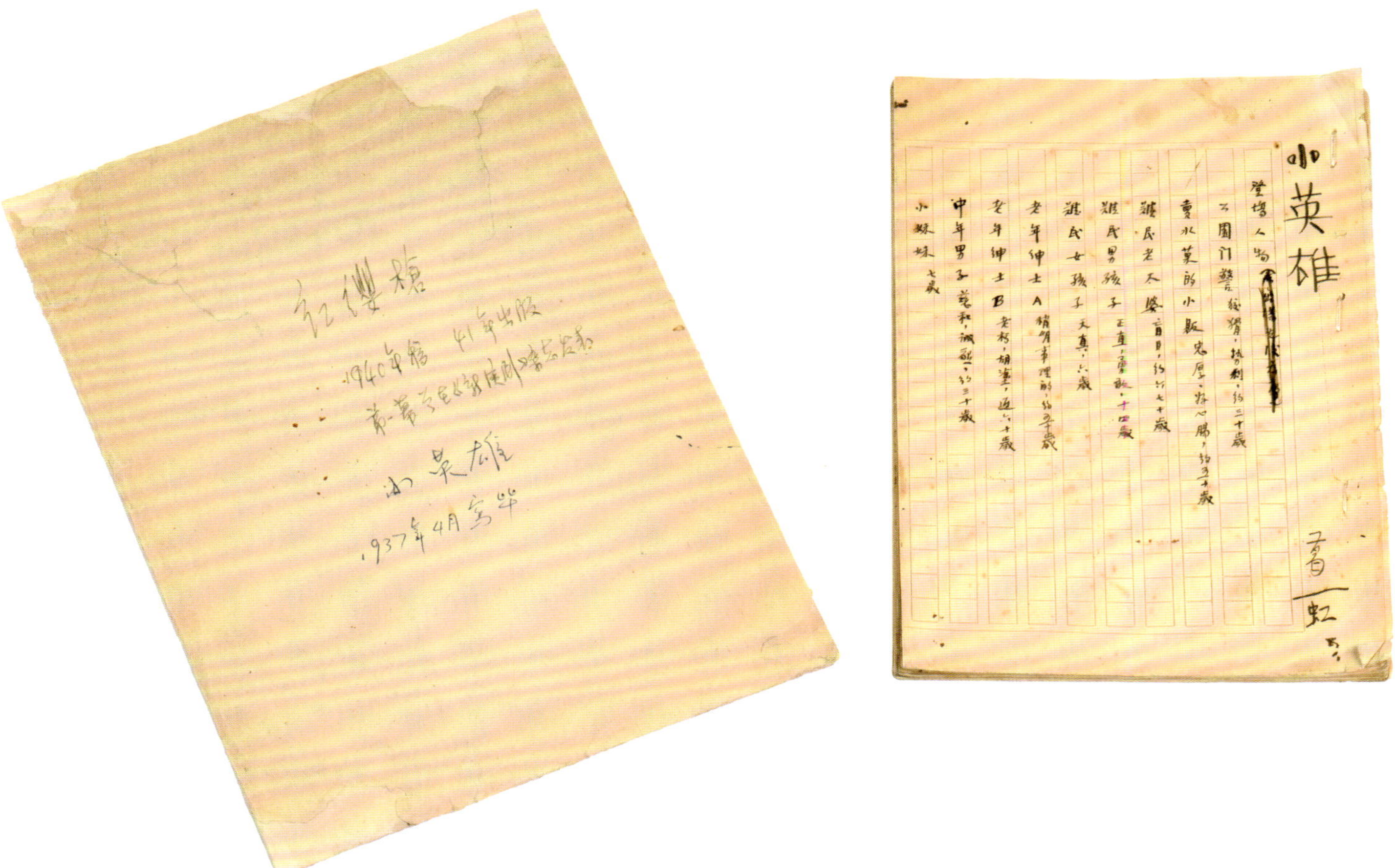

《小英雄》

葛一虹

封面：23.3cm × 17cm

内页：19.5cm × 14cm

手稿

1937 年

中国艺术研究院艺术与文献馆藏

《论长沙湘戏的流变和抗战期间艺人的革命行动》

黄芝岗编

25.3cm × 18.9cm

油印本

中华人民共和国成立后

中国艺术研究院艺术与文献馆藏

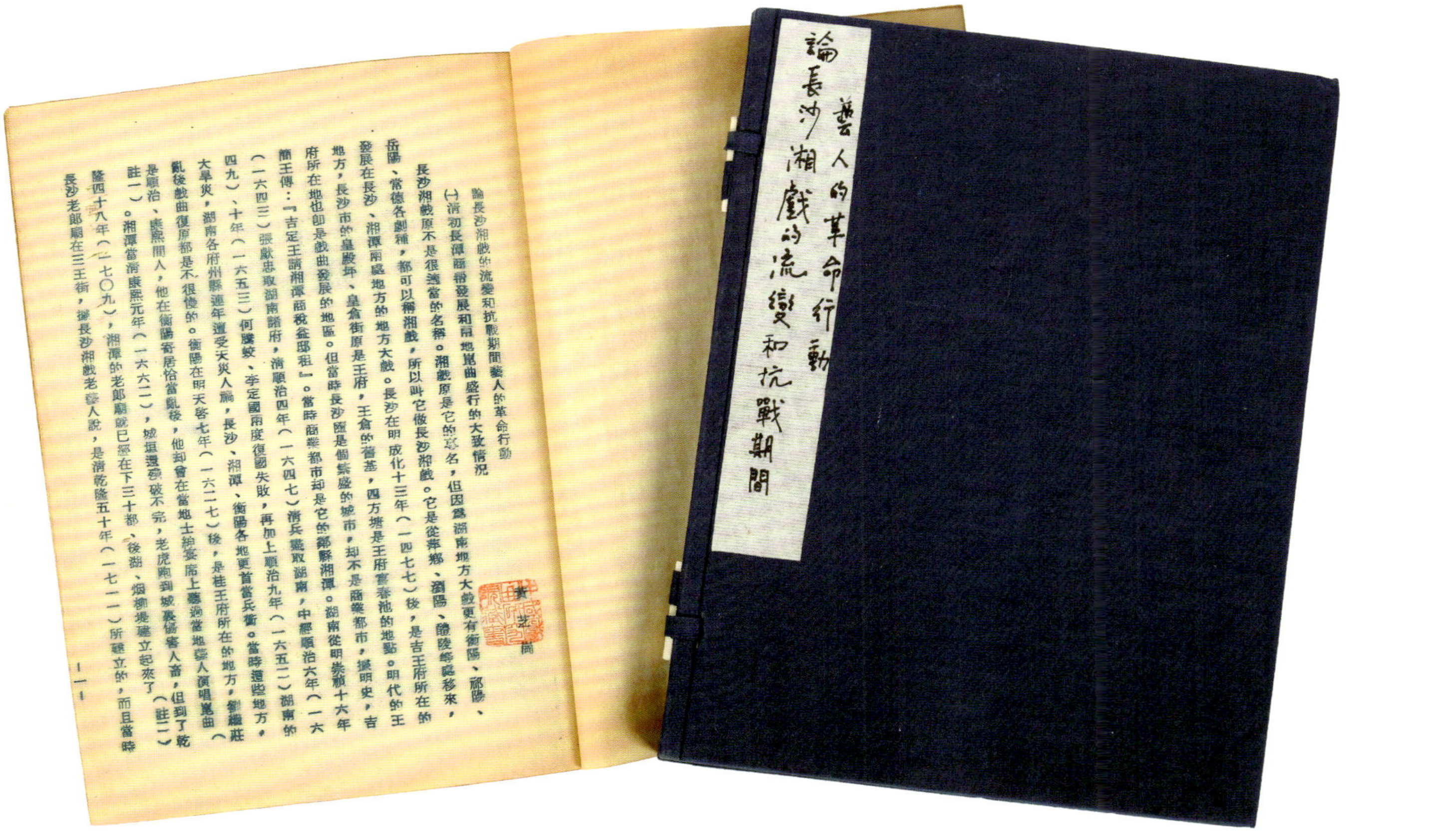
論長沙湘戲的流變和抗戰期間
藝人的革命行動

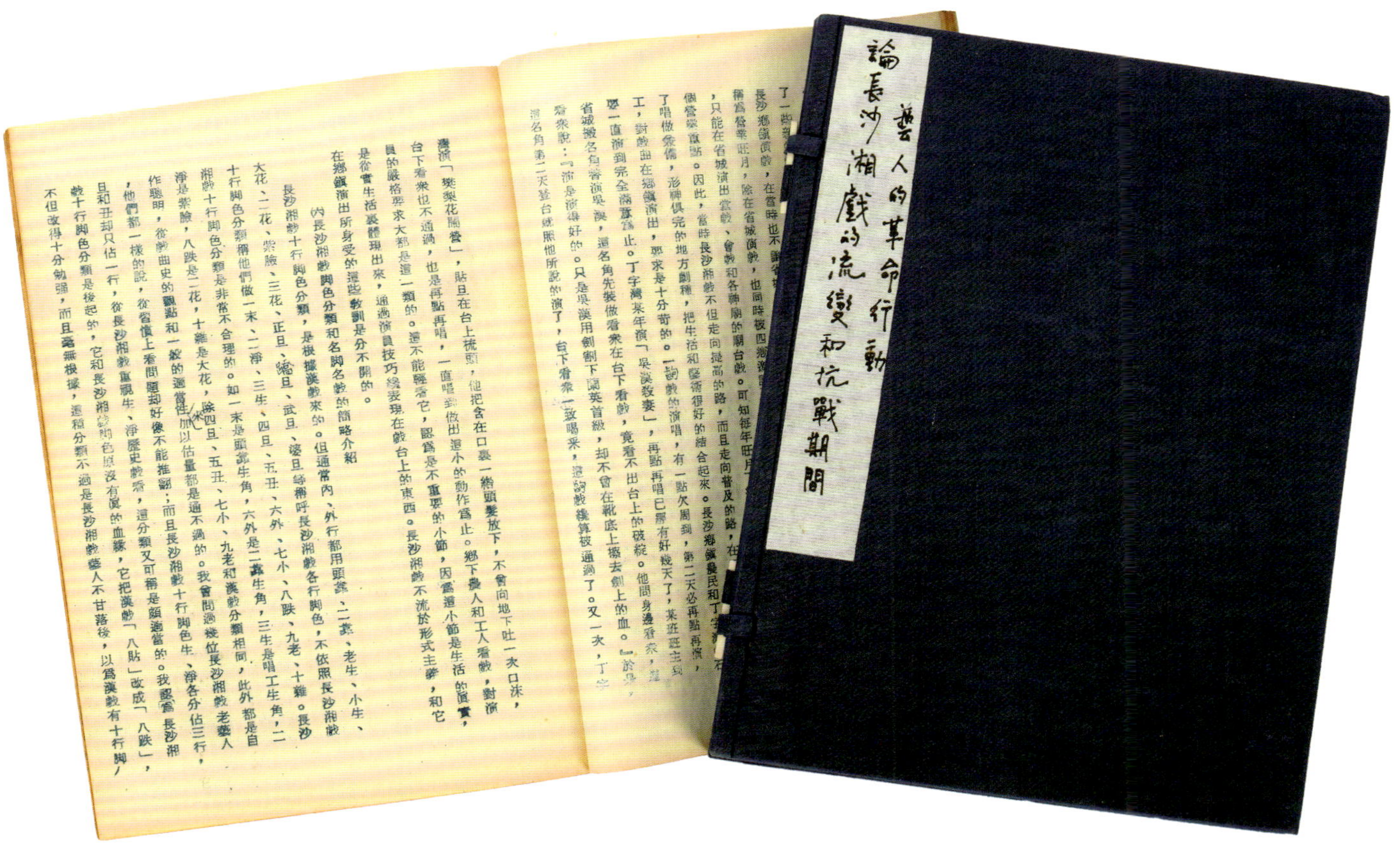
論長沙湘戲的流變和抗戰期間
藝人的革命行動

三、刀笔砺丰碑

在民族救亡的过程中，艺术家们以笔为戈、以刀为枪，淬炼出波澜壮阔的艺术史诗。丹青喻节，诉说着文人的赤忱之心。梅兰芳的《墨梅》暗喻高洁不屈，齐白石的《保民道国联》饱含家国之忧。他们的作品虽不直接描写战争，却在静观与寓意之间凝聚着深沉的家国情怀。刀木为锋，刻划出刺破长夜的光明。延安鲁艺师生的版画，是觉醒的号角、视觉的战歌，力群、彦涵等版画家，以《抗战》中前线战士的无畏身姿、《移民到陕北》里后方民众的坚定信念，将“大众艺术”锻造成唤醒人心的文化利剑，成为民族不屈的象征。铜塑为铭，滑田友、刘开渠等雕塑家将烽火岁月镌刻成永恒。冰冷的雕塑承载着炽热的抗争精神，这不仅是形态的塑造，更是灵魂的熔铸，以金石之坚，将中华民族在血火中淬炼出的英勇不屈铭刻于历史长河，铸就民族精神的丰碑。

时至今日，这些艺术形式仍在岁月深处守护家国山河。

牵牛花

梅兰芳

96cm × 34.2cm

纸本设色

1945 年

中国艺术研究院艺术与文献馆藏

天竺蜡梅

梅兰芳
77.4cm × 34cm
纸本设色
20 世纪三四十年代
中国艺术研究院艺术与文献馆藏

墨梅

梅兰芳

103cm × 24.3cm

纸本水墨

20 世纪三四十年代

中国艺术研究院艺术与文献馆藏

黄自像

蒋兆和
146cm × 106cm
纸本素描
年代不详
中国艺术研究院艺术与文献馆藏

冼星海像

马达
14cm × 10cm
木版画
1939 年
中国艺术研究院艺术与文献馆藏

《书画集锦》选页

丰子恺

31.5cm × 24cm × 4

纸本设色

1937 年

中国艺术研究院艺术与文献馆藏

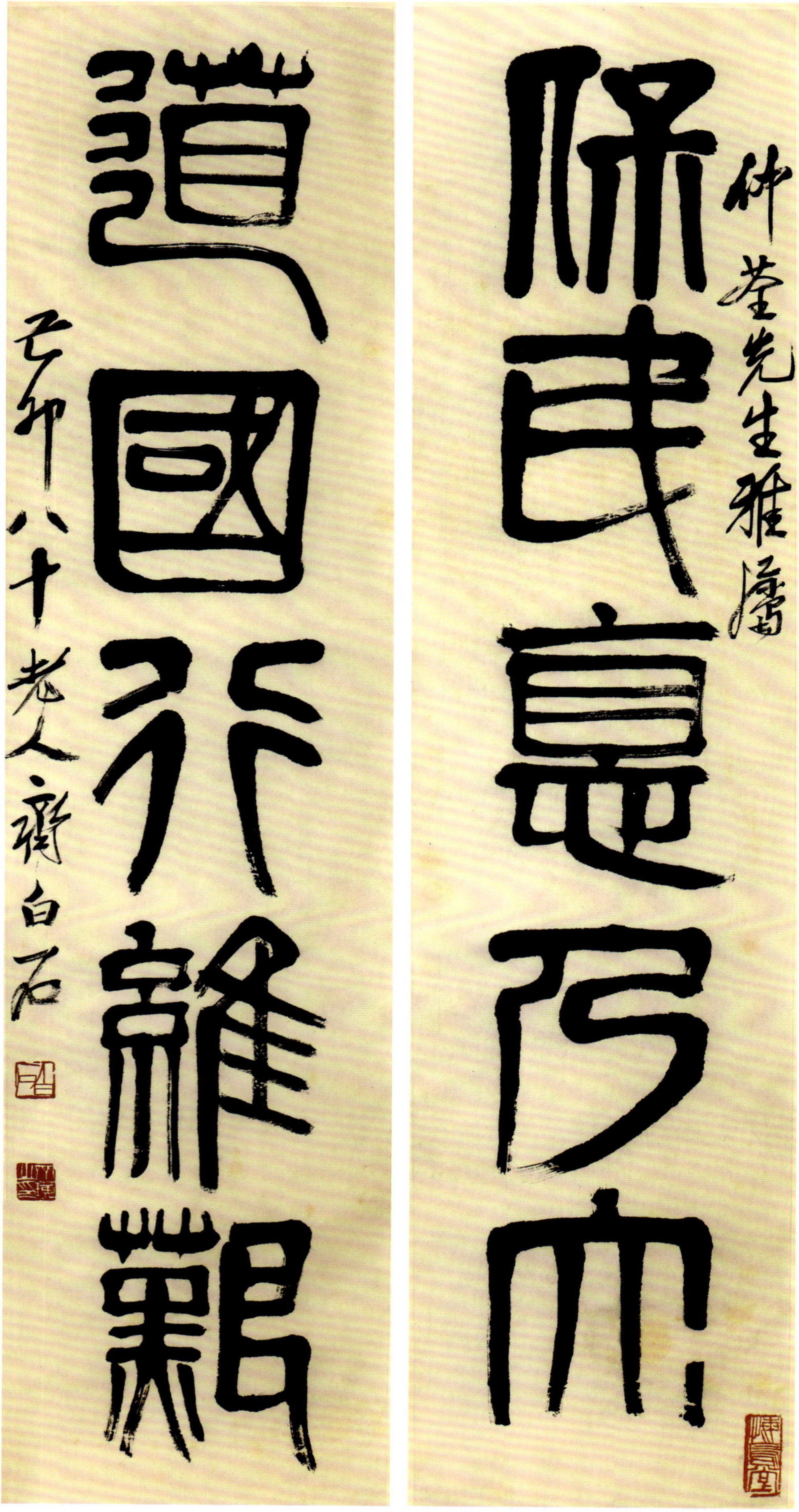

保民道国联

齐白石
136cm × 34cm × 2
纸本　篆书
1939 年
中国艺术研究院艺术与文献馆藏

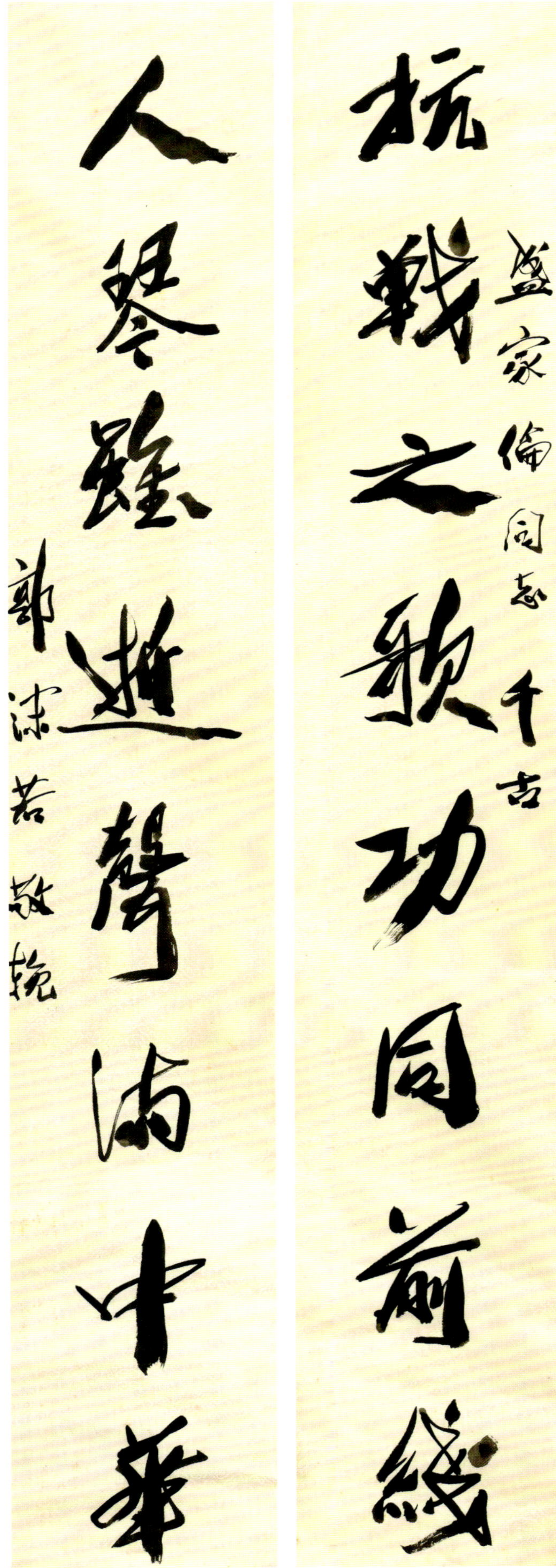

抗战人琴挽联

郭沫若
214cm × 38.2cm × 2
绫本　行书
1957 年
中国艺术研究院艺术与文献馆藏

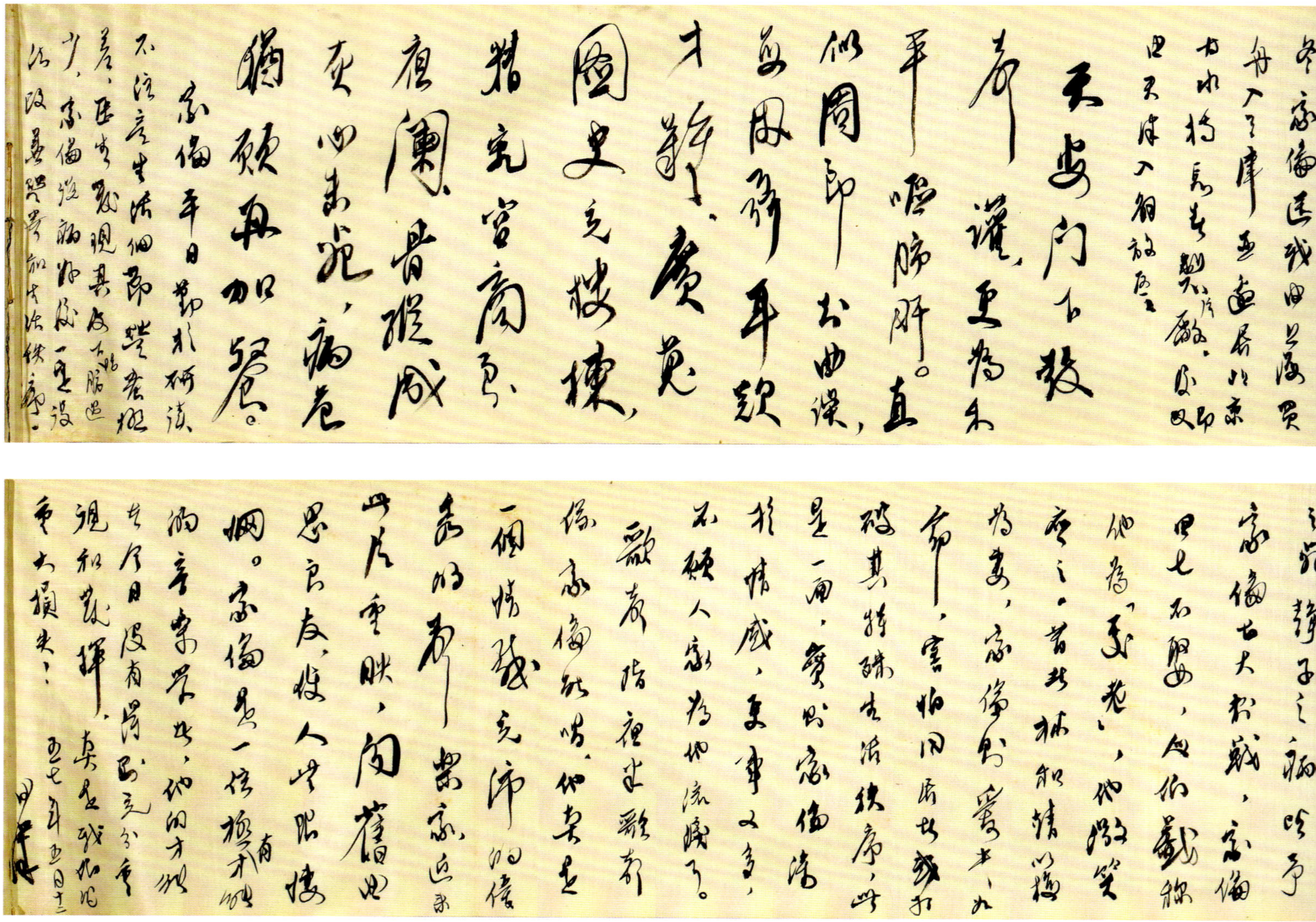

《哭家伦》

田汉

36.6cm × 224cm × 2

绢本　行书

1957 年

中国艺术研究院艺术与文献馆藏

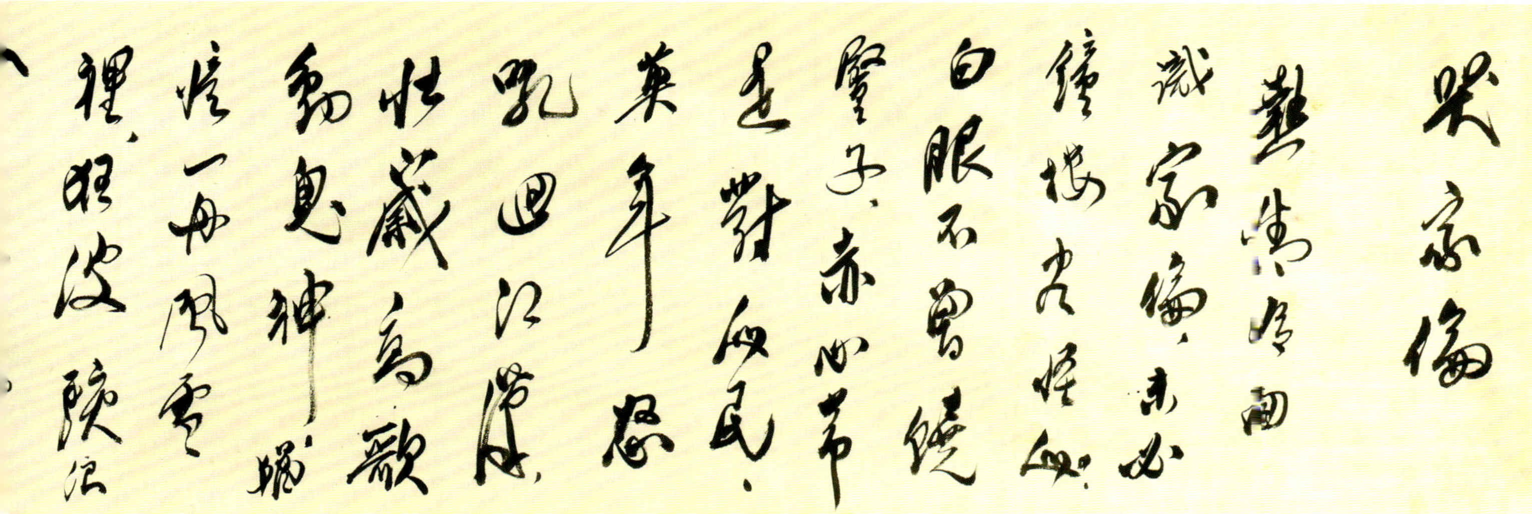

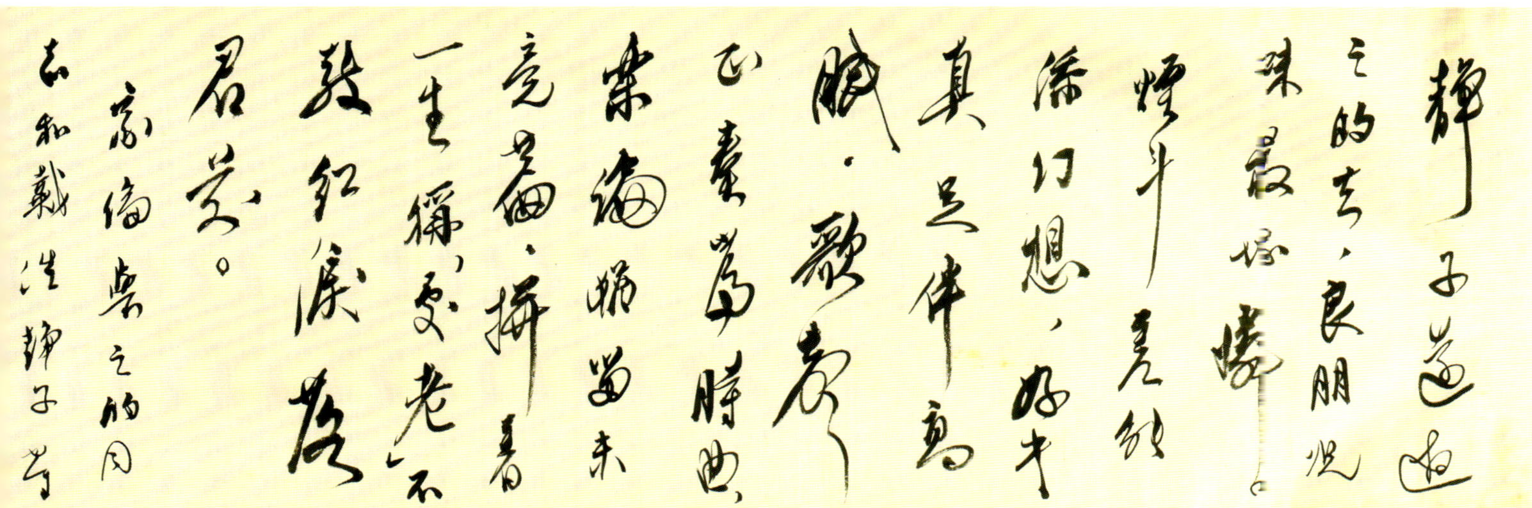

鲁迅

熊秉明
20.5cm × 27cm
纸本墨笔
1964 年
中国艺术研究院艺术与文献馆藏

《鸡毛信》画稿

刘继卣
23cm × 30cm
纸本墨笔
20 世纪 50 年代前期
中国艺术研究院艺术与文献馆藏

时间就是生命

张辛国原作
河北人民出版社出版
河北人民美术印刷厂印刷
77cm × 53cm
纸质
1975 年
中国艺术研究院艺术与文献馆藏

红灯记

韩和平等画、万家春编文
上海人民美术出版社出版
新华书店上海发行所发行
77cm × 53cm
纸质
1965 年
中国艺术研究院艺术与文献馆藏

大青山的火种

俞沙丁原作
天津美术出版社出版
天津人民印刷厂制版印刷
27cm × 38cm
纸质
1958 年
中国艺术研究院艺术与文献馆藏

任光像

蒋兆和

144.5cm × 104.5cm

纸本素描

年代不详

中国艺术研究院艺术与文献馆藏

聂耳

俞云阶原作
教育图片出版社出版
华一印刷厂印刷
77cm × 53cm
纸质
1957 年
中国艺术研究院艺术与文献馆藏

冼星海

李宗津原作
教育图片出版社出版
华一印刷厂印刷
77cm × 53cm
纸质
1957 年
中国艺术研究院艺术与文献馆藏

南京大屠杀

熊秉明
27cm × 21cm
纸本墨笔
1965 年
中国艺术研究院艺术与文献馆藏

冼星海

马达

29.2cm × 18.8cm

纸本素描

1950 年

中国艺术研究院艺术与文献馆藏

鲁迅像

力群

12.2cm × 10cm

木版画

1936 年

中国艺术研究院艺术与文献馆藏

抗战

力群
9.9cm × 13.4cm
木版画
1937 年
中国艺术研究院艺术与文献馆藏

铁肩队 · 运输子弹

王大化
11cm × 13cm
木版画
1938 年
中国艺术研究院艺术与文献馆藏

追击

罗清桢
22cm × 18cm
木版画
1938 年
中国艺术研究院艺术与文献馆藏

辱与仇

李桦

18cm × 21cm

木版画

1940 年

中国艺术研究院艺术与文献馆藏

取暖

李桦
19.2cm × 16.8cm
木版画
1940 年
中国艺术研究院艺术与文献馆藏

饮

力群

19.2cm × 13.8cm

木版画

1940 年

中国艺术研究院艺术与文献馆藏

听报告

力群

18.6cm × 12.8cm

木版画

1940 年

中国艺术研究院艺术与文献馆藏

民主选举

彦涵
13cm × 19cm
木版画
1942 年
中国艺术研究院艺术与文献馆藏

不让敌人抢走粮食

彦涵
19cm × 26cm
木版画
1943 年
中国艺术研究院艺术与文献馆藏

当敌人搜山的时候

彦涵

23cm × 18cm

木版画

1943 年

中国艺术研究院艺术与文献馆藏

农民诊疗所

彦涵

14cm × 21cm

木版画

1943 年

中国艺术研究院艺术与文献馆藏

奋勇出击

彦涵
15.5cm × 24cm
木版画
1943 年
中国艺术研究院艺术与文献馆藏

移民到陕北

彦涵

19cm × 15cm

木版画

1944 年

中国艺术研究院艺术与文献馆藏

饿死也不被汉奸收买

沃渣
10.5cm × 13.7cm
木版画
1937 年
中国艺术研究院艺术与文献馆藏

卢沟桥抗战

沃渣
11.5cm × 14.3cm
木版画
1937 年
中国艺术研究院艺术与文献馆藏

全民一致的力量

沃渣

9cm × 12cm

木版画

1937 年

中国艺术研究院艺术与文献馆藏

王道乐土

沃渣
11.2cm × 9.4cm
木版画
1937 年
中国艺术研究院艺术与文献馆藏

恐吓

沃渣
10.7cm × 13.6cm
木版画
1938 年
中国艺术研究院艺术与文献馆藏

劫狱

沃渣
10.7cm × 12.5cm
木版画
1936 年
中国艺术研究院艺术与文献馆藏

军民打成一片

沃渣
13.3cm × 10.7cm
木版画
1938 年
中国艺术研究院艺术与文献馆藏

《不忘此仇》组画之废墟

王琦

8.5cm × 7cm

木版画

1939 年

中国艺术研究院艺术与文献馆藏

大炮夺去牛油

王琦
4.5cm × 6.5cm
木版画
1943 年
中国艺术研究院艺术与文献馆藏

集体屠杀

王琦
4.5cm × 6.5cm
木版画
1943 年
中国艺术研究院艺术与文献馆藏

人民当牛马

王琦
4.5cm × 6.5cm
木版画
1943 年
中国艺术研究院艺术与文献馆藏

逃难（二战系列浮雕构稿之一）

滑田友

45cm × 48cm × 10cm

铜

1939 年

中国艺术研究院艺术与文献馆藏

医治（二战系列浮雕构稿之二）

滑田友
42cm × 50cm × 10cm
铜
1939 年
中国艺术研究院艺术与文献馆藏

离别（二战系列浮雕构稿之三）

滑田友

53cm × 44cm × 10cm

铜

1939 年

中国艺术研究院艺术与文献馆藏

农工之家

刘开渠
140cm × 329cm × 51cm
铜
1945 年
中国艺术研究院艺术与文献馆藏

鲁迅像

熊秉明
47cm × 29.5cm × 16cm
铜
1998 年
中国艺术研究院艺术与文献馆藏

工农红军

刘开渠

235cm × 140cm × 120cm

铜

1956 年

中国艺术研究院艺术与文献馆藏

初雪

朱乐耕
17cm × 135cm × 36cm
陶瓷
当代
中国艺术研究院艺术与文献馆藏

图书在版编目（CIP）数据

烽火艺魂：中国艺术研究院抗战文艺典藏展 / 周庆富主编．-- 北京：文化艺术出版社，2025．7．-- ISBN 978-7-5039-7887-6

Ⅰ．K871.642

中国国家版本馆 CIP 数据核字第2025F9M240号

烽火艺魂

中国艺术研究院抗战文艺典藏展

主　　编　周庆富
封面题字　王　蒙
责任编辑　李梦娟　吴梦捷
数字编辑　李　媛
责任校对　董　斌
书籍设计　李　响　楚燕平
出版发行　文化艺术出版社
地　　址　北京市东城区东四八条52号（100700）
网　　址　www.caaph.com
电子邮箱　s@caaph.com
电　　话（010）84057666（总编室）　84057667（办公室）
　　　　　84057696—84057699（发行部）
传　　真（010）84057660（总编室）　84057670（办公室）
　　　　　84057690（发行部）
经　　销　新华书店
印　　刷　鑫艺佳利（天津）印刷有限公司
版　　次　2025年7月第1版
印　　次　2025年7月第1次印刷
开　　本　787毫米×1092毫米　1/8
印　　张　20
字　　数　10千字　图片230余幅
书　　号　ISBN 978-7-5039-7887-6
定　　价　268.00元

版权所有，侵权必究。如有印装错误，随时调换。